Engelbert Recktenwald

Fata Morgana
Gedanken zur Unterscheidung
des Christlichen

Reihe "Verzehrendes Feuer", Band 1

Engelbert Recktenwald

Fata Morgana

Gedanken zur Unterscheidung
des Christlichen

Theresia-Verlag

Reihe *Verzehrendes Feuer*

"Unser Gott aber ist ein verzehrendes Feuer" (Hebr 12,29)

cum permissu superioris generalis,
P. Josef Bisig FSSP,
Opfenbach, den 13. Januar 1999

Die Deutsche Bibliothek – CIP-Titelaufnahme

Recktenwald, Engelbert:
Fata Morgana: Gedanken zur Unterscheidung des Christlichen / Engelbert Recktenwald. – 1. Aufl, 1.-7. Tsd. – Lauerz: Theresia-Verl., 1999
(Verzehrendes Feuer; Bd. 1)
ISBN 3-908550-01-7

Theresia-Verlag
CH-6424 Lauerz
© Engelbert Recktenwald, 1999
1. Auflage 1.-7. Tausend
Druck und Bindung: Ebner Ulm
ISBN 3-908550-01-7

Inhaltsverzeichnis

Vorwort 7

Es ist der Herr! 9

Wir wollen dienen! 12

Kennen wir die Sprache der Liebe? 15

Das ist der Sieg, der die Welt überwindet 18

Maran atha! 22

Maria im Heilswerk Gottes 25

Wenn ihr nicht werdet wie die Kinder... 29

Das Kreuz 33

Fata Morgana 37

Paradox der Hingabe 41

Wurzeln 45

Wir nehmen das Leben zu ernst 48

Die Gnade der Kapitulation 52

Der Weg Theresias 55

Allmacht der Demut 58

Glaube nur! 61

Das Gnadengeschenk dieser Zeit 64

Bewahre unirdisch sein Herz... 71

Personenregister 75

Vorwort

Dieses Taschenbuch enthält Beiträge, die ich im "Rundbrief der Christkönigsjugend" unter der Sparte "Das geistliche Wort" vor wenigen Jahren veröffentlicht habe. Lediglich die beiden letzten Beiträge sind anderswo erschienen, nämlich im "Informationsblatt der Priesterbruderschaft St. Petrus".

Ich habe den Wortlaut der Beiträge auch in den wenigen Fällen stehenlassen, in denen die Jugendlichen der CKJ direkt angesprochen werden. Es kann nichts schaden, wenn der familiäre Ton, der nach Platon die Voraussetzung für viele wichtige Einsichten ist, erhalten bleibt. Dem Inhalt und seiner, wie ich denke, zeitlosen Bedeutung tut er keinen Abbruch.

In einer Zeit, in der der gedankenlose Gebrauch von Schlagworten überhandnimmt, hat die Provokation, die in der pointierten Formulierung nonkonformistischer Positionen liegt, eine therapeutische Funktion. Es geht nicht nur um die inhaltliche Vermittlung verschütteter Einsichten christlichen Glaubens, sondern auch um Anstiftung zum Selberdenken als dem Weg zur Befreiung von der Herrschaft der Schlagworte. Zwar scheint "Glauben" im Sinne einer Bindung an ein Bekenntnis das Gegenteil von "Selberdenken" und von "Freiheit des Denkens" zu sein, und der hl. Paulus scheint dem Recht zu geben, wenn er ziemlich undiplomatisch davon spricht, alles Denken für Christus gefangen zu nehmen (2 Kor 10,5). Doch nur von außen sieht der Glaube wie eine Gefangenschaft aus. Wer sich in dieselbe begibt, erlebt eine eigenartige Metamorphose: Sie verwandelt sich in Freiheit, weil die Bindung des Glaubens keine andere ist als die an die Wahrheit, nämlich Christus. Zum Wesen des christlichen Glaubens gehört der Anspruch, daß seine Binnenperspektive die einzige ist, die der Wirklichkeit gerecht wird, und daß jeder scheinbar objektive Standpunkt, der von außen über den Glauben urteilt, Illusion ist. Treffend hat in diesem Sinne Bischof Karl Braun den Glauben als den Ort der Mündigkeit lokalisiert, wenn er schreibt: "Wenn wir jedoch das Wesen christlicher Mündigkeit erfassen wollen, müssen wir tiefer loten. Dann stoßen wir auf die Kraft des Glaubens. Er erschließt dem Menschen erst die Wirklichkeit, er verleiht ihm geistige Urteilskraft. 'Unmündig' nennt der Apostel Paulus jene Christen, die den 'Sinn Christi' noch nicht besitzen und der Weisheit dieser Welt huldigen."[1]

Die hier versammelten Beiträge sollen an Hand der Darstellung einiger zentraler Themen unseres Glaubens der Unterscheidung zwischen geistlicher Urteilskraft und Weltweisheit, zwischen christlicher Mündigkeit und geistlosem Mitläufertum dienen.

Köln, den 19. Januar 1999

P. Engelbert Recktenwald

---

[1] *Mündig ist, wer sich um Heiligkeit bemüht"*, Predigt, abgedruckt im "Informationsblatt der Priesterbruderschaft St. Petrus" Nr. 5, Priesterseminar St. Petrus, 88145 Opfenbach.

Es ist der Herr!

Jeder von Euch hat schon die Erfahrung gemacht: Wer sich heute als gläubiger Christ bekennt, ist ein Außenseiter. Er steht, so scheint es, mit der Sache, die er vertritt, auf verlorenem Posten. Wir könnten versucht sein, über diese Situation zu klagen. Doch sollten wir dieser Versuchung widerstehen und gerade umgekehrt das, was an dieser Situation so niederdrückend erscheint, als eine *Gnade* zu verstehen suchen. Wer *heute* noch gläubiger Christ ist, der ist es nicht mehr aus Konvention, sondern aus Überzeugung. Er ist es nicht um der Menschen willen, sondern um Christi willen. Er hat Christus gefunden. Irgendwann in seinem Leben kam es zu jener Begegnung mit dem Herrn, die ihn umgewandelt hat. Die sein Leben verändert hat. Es geht nicht um eine Sache, die wir vertreten, sondern um eine Person, die wir kennen: den Herrn.

Wer von uns hat nicht schon oft jene Episode am See Tiberias aus dem Johannesevangelium gehört, wo der Auferstandene, am Ufer stehend, den Aposteln erscheint, die gerade eine erfolglose Nacht des Fischfangs hinter sich haben? Sie erkennen ihn nicht. Auf sein Geheiß hin werfen sie wieder das Netz aus, und plötzlich: – In Johannes, dem Lieblingsjünger, strahlt es auf wie ein Blitz, die Erkenntnis: "Es ist der Herr!" (Joh 21,7).

Meine lieben Freunde! Jedem von uns, so denke ich, ist in irgendeiner Weise dieses Licht begegnet: "Es ist der Herr!" Als wir IHN gefunden haben, da war es, als ob wir ihn wiedererkennen, wie einen, der uns schon längst vertraut ist. Der Herr ist uns kein Fremder. Wir hatten ihn nur vergessen. Wir hatten so lange ohne ihn gelebt. Wie hatten wir es nur so lange aushalten können? Wie hatten wir uns gar wohl fühlen können – ohne IHN?

"Es ist der Herr!" In irgendeiner Form hat es auch uns in unserem Leben einmal getroffen. In jenem Augenblick, wo wir den Herrn gefunden haben. Oder besser: Wo er uns gefunden hat! Wir wissen es: Wir gehören IHM! Es ist nicht unser Verdienst. Nicht wir haben ihn gefunden. Wir hatten ja gar nicht gesucht. Sondern ER ist uns nachgegangen, wie der Hirte dem verlorenen Schaf. Immer war er in unserer Nähe, doch wir hatten es nicht bemerkt. Wir waren geflohen. Unsere Augen waren gehalten. Wir hatten uns betäubt mit dem, was die Welt an Vergnügungen und Betäubungsmitteln bereit hält. Das Auge unseres Herzens war blind. Bis zu jenem Augenblick, wo es uns wie Schuppen von den Augen fiel: "Es ist der Herr!"

Wir wissen es: Es ist nicht unser Verdienst. Nicht wir haben die Wahrheit gefunden, sondern die Wahrheit hat uns gefunden. Er ist der Weg, die Wahrheit und das Leben. Nie und nimmer werden wir davon lassen. Mag die Welt uns noch so sehr verlachen. Mögen die Menschen uns noch so sehr verspotten. Mögen gewisse "moderne" Katholiken uns noch so sehr als "Fundamentalisten" verketzern: Wir lassen IHN nicht mehr! Denn wir sind sein. Wir gehören zu den Schafen seiner Weide. Und wir wissen, was wir an IHM haben. Wir *können* das Licht nicht verleugnen, jenes Licht, das uns leuchtet, seitdem der Morgenstern aufging in unseren Herzen (2 Petr 1,19). Mögen jenen, die in der Finsternis wandeln, unser Weg und die Sicherheit, mit der wir ihn gehen, noch so rätselhaft erscheinen: wir können nicht anders! Denn es sind nicht selbstgemachte Programme, denen wir anhängen, nicht selbsterfundene "Glaubenssätze", an denen wir stur festhalten. Sondern: Es ist der Herr!

Seit dem Augenblick der Begegnung mit Ihm ist uns der trügerische Zauber der Welt vergangen. Was bedeutet uns das, was Menschen uns geben können, was die Welt verspricht? Wir erachten alles für Kehricht um der alles übertreffenden Erkenntnis Jesu Christi willen (Phil 3,8). Er ist unser Leben geworden. Nichts kann uns irre machen. Sollen jene, die den Herrn nicht kennengelernt haben, urteilen, wie sie wollen. Was wollen denn jene, die draußen sind, da mitreden? Sie sind blinde Führer von Blinden, die sie in den Abgrund führen (Mt 15,14). Was schert uns das Urteil der Menschen? Was zählen denn schon die Mode und der Zeitgeist? Nein, das alles geht uns nichts an. Der Herr allein zählt. Er allein hat Worte ewigen Lebens. Er allein kann unsere Sehnsucht stillen. Er allein kann unser Herz erfüllen. Er allein ist der Heilige, Er allein der Herr, Er allein der Höchste, Jesus Christus!

Und mögen wir noch so sehr Außenseiter werden, mögen wir, wie der hl. Paulus sagt, noch so sehr zum Abschaum dieser Welt werden, den Engeln und Menschen ein Schauspiel (1 Kor 4, 9) – die Situation ist ja gar nicht so neu – : All dies kann uns nicht mehr beirren. Wir können Ihn nicht mehr verleugnen, unseren Erlöser und Hirten, unseren König! "Gott, der befahl, daß aus der Finsternis Licht aufstrahle, ließ auch in unseren Herzen ein Licht erstrahlen, daß es leuchte zur Erkenntnis der Herrlichkeit Gottes auf dem Antlitz Jesu Christi" (2 Kor 4,6).

Wir haben Ihn erkannt, und: Wir *lieben* Ihn!

Wir wollen dienen!

Es gibt eine Stelle im Credo der hl. Messe, an der der kleinen hl. Theresia vom Kinde Jesu die Tränen kamen. Es ist eine Stelle, die wir wahrscheinlich nicht vermutet hätten: "*... und seines Reiches wird kein Ende sein.*"
Es ist dieser Ausblick auf das kommende Reich des Christkönigs, der der hl. Theresia Tränen der Ergriffenheit und der Vorfreude in die Augen getrieben hat. Das Reich Christi, des Königs, wird kein Ende nehmen. Sein Triumph ist kein vergänglicher. Er ist endgültig. Sein Reich wird ewigen Bestand haben. Fort ist alle Angst, es könnte wieder wanken, wir könnten unser Glück wieder verlieren. Verbannt ist alle Gefahr. Besiegt sind alle Feinde. Ewig währt der Friede.
Christus ist unser König. Christus ist unser Friede. Wir dienen keinem weltlichen Herrn. Wir dienen dem Sieger über Sünde, Tod und Teufel. Wir dienen keinem Geschöpf. Wir dienen Christus, unserem Gott. Wie viele irregeleitete Menschen haben ihr Leben in den Dienst von Vergänglichem gestellt! Wie viele jagen Irdischem nach und meinen, dies sei die wahre Freiheit. Sie wollen alle Fesseln von sich werfen. Sie wollen keinen Herrn über sich anerkennen. Sie wollen die Kirche nicht hören. Sie wollen nicht dienen. Und sind doch versklavt.
Wir wollen *dienen*! Mögen andere herrschen wollen: Wir wollen *dienen*. Mögen andere sich emanzipieren wollen: Wir wollen *dienen*. Mögen andere immer mehr mitbestimmen wollen, in Kirche und Gesellschaft, mitreden, mitentscheiden, mitregieren: Wir wollen *dienen*.
Wir wollen dem dienen, der allein es verdient! Christus

allein ist dessen würdig. Und er allein kann uns das schenken, was alle wollen, auch jene, die zu dienen sich weigern. Alle streben nach Glück, alle streben nach Frieden, alle streben nach Liebe. Was andere mit eigenen Kräften erobern wollen, was sie mit eigenen Mitteln erkämpfen wollen, das erwarten wir von unserem König! Wir *dienen* ihm, das genügt uns. Für alles andere wird Er selber sorgen. Er kann es viel besser als wir selbst.

ER kann uns ein Glück schenken, das ohne Trug ist und in Ewigkeit dauert. Er kann uns den Frieden schenken, den die Welt nicht geben kann. Er kann uns ein Reich vermachen, das ohne Ende ist, nämlich sein eigenes Reich, "das Reich der Wahrheit und des Lebens, das Reich der Heiligkeit und der Gnade, das Reich der Gerechtigkeit, der Liebe und des Friedens" (Präfation vom Christkönigsfest).

Nicht von uns selbst erwarten wir dieses Reich, sondern von unserem König. Wir können es nicht erkämpfen, sondern nur ererben: als Miterben Christi, wenn wir mit ihm leiden (cf. Röm 8,17). An uns ist es, zu dienen; dem nachzufolgen, der der Diener aller geworden ist – und der den Haß jener auf sich gelenkt hat, die auf Irdisches sinnen. "Der Diener ist nicht größer als sein Herr. Haben sie mich verfolgt, werden sie auch euch verfolgen" (Joh 15,20).

Das ist unser Anteil auf Erden: die Gemeinschaft mit Christus dem Gekreuzigten. Unser Anteil drüben aber ist Sein Reich. *Dieses* Reich ist dem Zugriff seiner Feinde entzogen. Dieses Reich kann nicht zerstört werden. Es kann auch nicht reformiert und verschandelt werden nach den Vorstellungen derer, die eine neue Welt oder eine neue Kirche bauen wollen. Hier bestimmt allein Christus selbst. Und das ist unsere Hoffnung!

Wir teilen nicht die Hoffnungen irdisch gesinnter Welt- und Kirchenverbesserer, und deshalb auch nicht ihre Sorgen. Unsere Sorge ist es nicht, die Stiftung des Herrn zu verbessern, so als ob wir nach 2000 Jahren plötzlich alles besser wüßten als die Generationen der Bekenner und Heiligen vor uns. Für Seine Kirche hat der Herr selbst gesorgt. Er liebt sie. Und deshalb lieben wir sie auch. Unsere Sorge ist es vielmehr, immer mehr dem Herrn zu gehören. Sind wir sein, dann ist unser Sein Reich! Auf Ihn und die Gemeinschaft mit Ihm in seinem Reich richtet sich allein unser Hoffen und unser Sehnen. Wir wollen Ihm gehören, dann gehört uns Sein Reich. Das ersehnen wir. Das erbeten wir. Darauf freuen wir uns. Diese Freude kann niemand von uns nehmen. *Denn seines Reiches wird kein Ende sein.*

Kennen wir die Sprache der Liebe?

Kennen wir die Sprache der Liebe?
"Das ist mein Leib." Vielleicht ist nie ein Wort ausgesprochen worden, in das so viel Liebe hineingelegt worden ist wie in dieses – gesprochen von unserem Herrn bei jenem Mahl, da er die Seinen, die er liebte, liebte bis zum Letzten (Joh 13,1).

"*Das* ist mein Leib": Dieses unscheinbare Stückchen Brot, diese Hostie, die ihr vor euch seht, ist mein Leib. So weit treibt mich meine Liebe zu euch, daß ich mich um euretwillen hineinbegebe in die äußerste Form der Erniedrigung und Wehrlosigkeit. Ich verzichte auf die äußere Erscheinung meiner Menschheit und gebe mich euch dar zur Speise unter der Gestalt des Brotes. Torheit der Liebe.

"Das *ist* mein Leib": Diese kleine weiße Scheibe *bedeutet* nicht nur meinen Leib. Sie ist nicht nur ein Symbol. Sie *ist* mein Leib. Mein Leib ist gegenwärtig: wahrhaft, wirklich und wesentlich. Denn ich liebe euch nicht nur symbolisch, sondern wirklich. Ich liebe euch nicht nur mit Worten, sondern in der Tat. Wahrheit der Liebe.

"Das ist *mein* Leib", der Leib eures Gottes. Denn ich, der Logos, Gott von Gott, Licht vom Licht, wahrer Gott vom wahren Gott, bin es, der diesen Leib angenommen hat, um einer von euch zu werden. Ich wollte, daß ihr daran meine Liebe erkennt und den Mut findet, mich ebenfalls zu lieben. Damit meine Größe euch nicht erschrecke, wurde ich klein, ein Mensch, ein Kind, voll Huld und Menschenfreundlichkeit. Ihr sollet Vertrauen fassen, alle Furcht ablegen und euch mir in Liebe nahen. Schönheit der Liebe.

"Das ist mein *Leib*": Ich bin Geist und wohne in unzugänglichem Licht. Indem ich einen Leib annahm, wurde ich sichtbar, berührbar, verletzbar. Ich bin zugänglich geworden, setze mich eurem Zugriff aus, eurer Mißhandlung, eurem Haß. Am Kreuz und auf den Altären. Meine Liebe nimmt das in Kauf. Meine Liebe achtet dessen nicht. Sie nimmt es auf sich um der Seelen derer willen, die die Sprache der Liebe verstehen und statt mit Spott mit Gegenliebe antworten. Kühnheit der Liebe. – Liebe bis zum Letzten.

Meine lieben Freunde! Die Eucharistie ist das Meisterwerk der Liebe. Nie werden wir die Liebe unseres Gottes verstehen, wenn wir die hl. Eucharistie nicht verstehen. Und nie werden wir zur rechten Einstellung gegenüber dem Allerheiligsten Altarsakrament gelangen, wenn wir es nicht erkennen als das Wunder, das die allmächtige Liebe ersonnen hat. Nie können wir uns so sehr erniedrigen, wie Gott sich herabgelassen hat in selbstvergessener Liebe in der Eucharistie. Es ist gar nicht möglich, hier zu übertreiben: Wir werden doch nie an das Maß göttlicher Kenosis, göttlicher Selbstentäußerung herankommen. Jede liturgische Erneuerung muß sich daran messen lassen, ob sie uns tiefer in diese rechte Haltung gegenüber der Eucharistie hineinführt. Der Herr kennt nur *einen* Maßstab: die Liebe. Jede Reform sollte letztlich nur einen Maßstab anerkennen: die Liebe. Ist etwa durch die Einführung der Handkommunion die Liebe zur Eucharistie in den Seelen gewachsen? Alles andere ist uninteressant.

"Das ist mein Leib": Hier hören wir die Stimme unseres Hirten. Gott ist die Liebe. Es ist die Stimme der Liebe. "... und sie werden Meine Stimme hören", sagt Christus über seine Schafe, die er herbeiführen wird (Joh 10,16). Was für ein Trost liegt in dieser Stimme! Es ist die Stimme unseres Hirten, der Sein Leben für die Schafe hingegeben hat. Und immer wieder hören wir Seine Stimme: "Das ist mein Leib." Immer wieder dürfen wir diese Worte der Liebe vernehmen. Daran erkennen wir IHN. "Ich bin der gute Hirt und kenne Meine Schafe, und die Meinen kennen Mich" (Joh 10,14). O Seligkeit, zu Seinen Schafen gehören zu dürfen! Das ist das alles Entscheidende. Es ist ja nicht selbstverständlich. Denn viele sind berufen, aber nur wenige auserwählt. Dürfen wir uns denn wirklich zu Seinen Schafen zählen? Das ist die Frage, vor der wir zittern! An ihr hängt alles. Wer wagte sie zu beantworten! Der Herr selber hat sie beantwortet: Wer IHN an der Stimme erkennt, der gehört zu seinen Schafen.

Gehören wir zu Seinen Schafen? Diese Frage stellen heißt fragen: Kennen wir die Sprache der Liebe?

Das ist der Sieg, der die Welt überwindet

"Das ist der Sieg, der die Welt überwindet, unser Glaube!" (1 Joh 5,4).
Wir könnten stutzig werden: "überwinden"? Also nicht etwa "bekehren", "heimführen zum Vater", "mit Gott versöhnen"? Nein, "überwinden" heißt es. Wort der Heiligen Schrift. Wort Gottes.
Wenn die *Überwindung* der Welt das Ziel unseres Glaubens ist, dann setzt dies einen Konflikt mit der Welt voraus, der nicht friedlich beigelegt werden kann. Der Streit zwischen Glaube und Welt ist konstitutiv. Eine Versöhnung ist ausgeschlossen. Es gibt nur die Alternative: Sieg oder Niederlage. Entweder unser Glaube überwindet die Welt, oder die Welt überwindet unseren Glauben.
Diese Gedankengänge erscheinen uns heute seltsam fremd, ja sogar frivol und unmenschlich. Um so wichtiger ist es, sich auf dieses biblische Thema zu besinnen. Es kehrt im Neuen Testament immer wieder und stellt ein wichtiges Korrektiv zur heutigen Ideologie der Allversöhnung mit allem und jedem dar.
Wenn der Widerstreit gegen den Glauben für die Welt konstitutiv ist, dann sind mit diesem biblischen Begriff der *Welt* nicht bestimmte Menschen gemeint. Denn jeder Mensch ist bekehrbar. Jedem Menschen steht bis zum letzten Atemzug die Möglichkeit des Glaubens offen. Nicht Menschen sollen wir überwinden, sondern die Welt. Indem wir die Welt überwinden, befreien wir Menschen aus der Macht der Welt: uns selbst zum Beispiel. "Welt" steht in diesem biblischen Zusammenhang immer für eine wider-

göttliche Macht, in deren Bannkreis der Mensch dann gerät, wenn er sich den *Werken des Fleisches* überläßt (cf. Gal 5,19). Die Welt ist in uns. Die Welt überwinden heißt: in der Kraft des Glaubens die Werke des Fleisches überwinden. Christus soll in uns leben. Hier gibt es keinen Kompromiß. Man kann nicht gleichzeitig der Welt angehören und Jesus Christus. Nicht Versöhnung, sondern Entscheidung zwischen Christus und der Welt ist von uns gefordert. Deshalb die furchtbare Radikalität, mit der der Herr selbst uns immer wieder vor diese Entscheidung stellt, der unerbittliche Ernst, mit dem Er den unversöhnlichen Gegensatz zwischen der Welt und den Seinen aufreißt. "Nicht für die Welt bitte ich, sondern für sie, die du mir gegeben hast" (Joh 17,9). "Aber die Welt hat sie gehaßt, weil sie nicht mehr von der Welt sind, wie auch ich nicht von der Welt bin" (Joh 17,14). "Wenn die Welt euch haßt, so wisset: Mich hat sie schon vor euch gehaßt" (Joh 15,18). "Den Geist der Wahrheit kann die Welt nicht empfangen, weil sie ihn nicht sieht und ihn nicht kennt" (Joh 14,17). "Ihr werdet weinen und wehklagen, aber die Welt wird sich freuen" (Joh 16,20).

Deutsche Theologen hatten vor einiger Zeit die Stirn gehabt, Rom Fundamentalismus vorzuwerfen, weil es in den herausgegebenen Richtlinien für die Priesterausbildung ein zu negatives Verhältnis zur Welt voraussetze. Das ist typisch. Man will nichts mehr wissen von einer "bösen Welt." Die moderne Welt sei anders geworden, mit ihr könne man sich versöhnen. Das ist nicht die Sprache der Bibel. Was Christus von der Welt sagt, gilt bis zum Ende der Zeiten. Immer wird die Christusnachfolge *Entscheidungs*charakter haben. Nie wird eine Zeit kommen, und wenn sie noch so modern und fortschrittlich ist, in der man gewissermaßen automatisch in die Christusnachfolge hineinschlittert dadurch, daß man der Welt angehört, sich ihr anpaßt und mit der Zeit geht. Christusnachfolge bedeutet immer *Entscheidung*. Entscheidung bedeutet immer *Umkehr*. Umkehr bedeutet immer auch *Abkehr*.

Der Ruf zur Umkehr steht am Anfang des Evangeliums. "Die Zeit ist erfüllt, und das Reich Gottes ist nahe. Kehrt um und glaubt an die Frohbotschaft" (Mk 1,15). Auch heute ist der Glaube an Christus nicht anders möglich als durch den Gehorsam diesem Ruf gegenüber. Wir sollen die Welt hinter uns lassen, die Welt, die in unserem Herzen ist und die Werke des Fleisches vollbringt. Christsein ohne Bekehrung ist auch heute nicht möglich. Das ist ein Grundgesetz unseres Seins. Das hat nichts mit Fortschritt zu tun, nichts mit alter oder moderner Zeit, sondern mit persönlicher Bekehrung. Auch der "Fortschritt" wird einem niemals die eigene Entscheidung abnehmen. Gehorche ich dem Ruf Christi oder nicht?

Wenn ich dem Ruf Christi gehorche, dann gehe ich von den Werken des Fleisches über zu den Früchten des Heiligen Geistes. Dann bin ich herausgerufen aus der Welt. Die Gemeinschaft derer, die herausgerufen sind, ist die *Ecclesia*, die Kirche. "Ecclesia" heißt die "Herausgerufene." Deshalb wird der Gegensatz zwischen Kirche und Welt immer bleiben. Daran ändern kein Fortschritt und keine Öffnung etwas.

Wer dem Ruf Christi folgt, wird – nach dem Wort des Herrn selber – von der Welt gehaßt. Er verliert jeden Halt in der Welt. Doch durch den Glauben gewinnen wir einen anderen Halt. Einen Halt, der viel sicherer ist: Christus selbst. Wir gewinnen Halt an dem, der schon vor uns die Welt überwunden hat. Das ist unser Trost. Von diesem Trost haben alle jene keine Ahnung, die uns hassen, weil wir nicht mehr von der Welt sind; jene Drückeberger, und wenn sie sich auch Christen, ja sogar Theologen nennen, die sich vor der Entscheidung herumdrücken, auf beiden Schultern Wasser tragen wollen und deshalb mit um so mehr Haß (Werk des Fleisches!) die Entschiedenen verfolgen, deren Christusentschiedenheit sie als Fundamentalismus denunzieren. Uns aber steht dieser Trost offen, solange wir nur nicht vor dieser Drangsal fliehen, denn gerade diese Drangsal ist das Kennzeichen der Jünger Christi, und nur ihnen ist der Trost verheißen. "In der Welt habt ihr Drangsal; aber seid getrost, ich habe die Welt überwunden" (Joh 16,33).

Maran atha!

"Maran atha!"
Wie ein Donnerschlag fährt dieses Wort auf uns nieder, mitten unter den Eruptionen seines liebenden Herzens, die der hl. Paulus am Ende des ersten Korintherbriefes eigenhändig aufs Papier bringt: "Hier mein, des Paulus, eigenhändiger Gruß! Wenn jemand den Herrn nicht lieb hat, der sei verflucht. Maran atha! Die Gnade des Herrn Jesus sei mit euch! Meine Liebe ist mit euch allen in Christus Jesus!" (1 Kor 16,21-24).
"Maran atha!" "Unser Herr, komm!"
Das Herz des Christen ist ein ungeduldiges Herz. Voll heiliger Ungeduld harrt es des Herrn. Das Harren auf den Herrn läßt im Herzen des Christen keinen Platz für irdische Sorgen. "Die Gestalt dieser Welt vergeht" (1 Kor 7,31). Das ist für Paulus kein Anlaß zu Sorge und Kummer. Im Gegenteil: Gerade die Vergänglichkeit der Welt ist Voraussetzung für die heilige Sorglosigkeit, die Kennzeichen des wahren Christen ist. "Ich möchte aber, daß ihr ohne Sorgen seid" (1 Kor 7,32). Paulus kennt keine Sorge, weil ihm an der Welt nichts liegt. Der Christ liebt die Schöpfung Gottes, aber er verachtet die Welt. Er hängt sein Herz nicht an die Reichtümer und Verlockungen, die die Welt ihm bieten kann. Er ist frei. "Um all das sorgen sich die Heiden", sagt der Herr selbst (Mt 6,32). Die Sorge ist das Kennzeichen der Heiden, uns ist sie untersagt: "Sorget euch nicht um den morgigen Tag" (Mt 6,34). "Habt aber acht auf euch, daß eure Herzen nicht von Rausch und Trunkenheit und irdischen Sorgen belastet werden, damit euch jener Tag nicht unversehens überfalle wie ein Fall-

strick" (Lk 21,34). Der Heide läßt sein Herz von der Welt in Fesseln legen. Er liebt gar diese Fesseln und nennt dies Freiheit. "Wir freien, sehr freien Geister", rief der arme, kranke Nietzsche, der den Tod Gottes verkündete, öfters aus. Doch die Gestalt dieser Welt vergeht und mit ihr jede Hoffnung, die der Weltmensch auf sie gesetzt hat. Seine Erwartung wird enttäuscht. Seine Sorge läuft ins Leere. Die Hoffnung des Christen aber richtet sich auf ein Ereignis, das seiner Sorge entzogen ist. Das Kommen des Herrn hängt nicht von menschlichem Sorgen ab. Deshalb ist das Herz des Christen, das voll Ungeduld dem Herrn entgegenschlägt, frei von Sorge. Leichtfüßig geht der Christ durch alle Höhen und Tiefen dieses Lebens dahin, denn er weiß, daß das irdische Leben nur "eine schlechte Nacht in einem schlechten Wirtshaus" (hl. Theresia von Avila) ist.

Die heilige Ungeduld gilt dem Herrn, die heidnische Sorge gilt dem Wirtshaus. Der Christ lebt für den Tag, der Weltmensch für die Nacht. Die Welt vergeht, der Herr wird kommen. Was für den Heiden ein Gedanke schaudernden Schreckens ist, wird vom Christen als die beglückende Erfüllung seiner Sehnsucht erbetet: "Maran atha!" Was für den Weltmenschen das Gericht, ist für den Christen die Erlösung: "Wenn aber dies zu geschehen beginnt, dann schauet auf und erhebt eure Häupter: denn es naht eure Erlösung" (Lk 21,28). Der Mensch dieser Welt wird dann erkennen, daß er sein Herz an Nichtigkeiten gefesselt hat. Mit ihnen wird sein Herz vergehen, seine Seele geht verloren. Seine Freiheit war Nichtigkeit. Der Christ aber sieht die Erfüllung seiner Sehnsucht. Er hat sein Herz frei gelassen für den Herrn, und nun *kommt* endlich der Herr, der Retter! Seine Seele ist gerettet. Seine Weltverachtung war Freiheit.

Wie ein Schleier, der nun zerreißt, hatte die Welt den Herrn seinen Augen verborgen. Zerreißen des Schleiers und Parusie, Vergehen der Welt und Kommen des Herrn sind ein und dasselbe. Ende der Nacht und Anbruch des Tages.

Es gibt nur noch wenige Christen, die ernsthaft den Herrn erwarten. Je mehr der Ruf des *Maran atha* auf ihren Lippen verstummt, um so mehr gilt ihre Sorge dem Schleier.

Die ersten Christen hatten das Kommen des Herrn ersehnt und erbetet. Die Tatsache, daß er bis heute nicht gekommen ist, macht sein Kommen nicht unwahrscheinlicher. Die Erwartungshaltung wird nicht immer überholter, sondern immer realistischer! Denn ER kommt mit Sicherheit! Wenn er kommt, wird er die Seinen an ihrer Sehnsucht erkennen. Auch für uns gibt es kein anderes Erkennungsmerkmal: Nicht jene, die sich sorgen um eine bessere Welt, sind von seinem Geist beseelt, sondern jene, die rufen "Maran atha". Denn "der Geist und die Braut sprechen: Komm!" (Apk 22,17). "Wo aber der Geist der Herrn ist, da ist Freiheit" (2 Kor 3,17).

Maria im Heilswerk Gottes

Wenn wir die Stellung überdenken, die Maria im Heilswerk Gottes innehat und die ihr von Gott selber zugedacht worden ist, dann wird unser Blick unweigerlich auf ein eigentümliches Faktum gelenkt. Maria ist der Berührungspunkt von Altem und Neuem Bund. Maria war Jüdin. Sie ist die schönste Blüte, die der Alte Bund hervorbrachte, und die gleichzeitig diesen Bund übersteigt. Das auserwählte Volk des Alten Bundes war Träger der *Verheißung*, die Jahwe Abraham, seinem Stammvater, feierlich und unwiderruflich gegeben hatte. An Maria erging zum letzten Mal in der Geschichte des Alten Bundes die Verheißung des Erlösers. Maria wurde, als sie ihr Jawort dem Erzengel Gabriel gab, in einem neuen und eminenten Sinn Trägerin der Verheißung. Sie wurde Trägerin des *Verheißenen*, Mutter des Erlösers, Gottesgebärerin. In Maria erfüllte sich die Verheißung des Alten Bundes und hub an die Verwirklichung des Neuen.

Maria steht am Anfang des Neuen Bundes, so wie Abraham am Anfang des Alten Bundes steht. Diese Parallele zwischen Abraham und Maria wird selten gezogen, ihre Konsequenzen kaum bedacht. Abraham wurde zum Stammvater des Alten Bundes, weil er Gott glaubte, daß in Erfüllung gehen werde, was Gott ihm verheißen hat. Maria wurde Mutter des Neuen Bundes, weil sie Gott glaubte, was er ihr durch den Erzengel Gabriel verhieß. "Abraham glaubte Jahwe, und dieser rechnete es ihm zur Gerechtigkeit an" (Gen 15,6). "Selig, die geglaubt hat, daß in Erfüllung gehen wird, was ihr vom Herrn gesagt wurde" (Lk 1,45). Wenn schon die Juden des Alten Bundes

Abraham als ihren Vater im Glauben verehrten, um wieviel mehr haben wir Grund, Maria als unsere Mutter im Glauben zu ehren. Das Bewußtsein der gemeinsamen Abstammung von Abraham schmiedete den Alten Bund zu einer Einheit, die allen Auflösungs- und Vermischungstendenzen widerstand. Im Neuen Bund ist es die Verehrung Mariens, die das geistige Band der Einheit bildet. Sind wir nicht Zeugen dessen, wie in den letzten zwanzig Jahren in der Kirche parallel mit der Abnahme der Marienverehrung die Streitigkeiten, Grabenkämpfe und Polarisierungen zugenommen haben?

Hier haben wir einen wichtigen Einwand zu gewärtigen: Schreiben wir hier nicht Maria eine Rolle zu, die in Wirklichkeit Christus zukommt? Ist *Er* nicht das Haupt der Kirche und somit Fundament und Garant ihrer Einheit? Gewiß. Aber wie? Schauen wir genauer hin, dann sehen wir, daß gerade das Bekenntnis zu Christus mit in den Strudel der Verwirrungen und Streitigkeiten geraten ist. Jede Richtung macht sich ihr eigenes Christusbild: Die feministische Theologie ein anderes als die Befreiungstheologie, die tiefenpsychologisch inspirierte "Theologie" ein anderes als die charismatisch bewegte. Die Risse, die durch die Kirche gehen, sind tief. Sie machen vor Christus nicht halt.

Anders sieht es aus bei jenen, die Maria verehren. Bei ihnen besteht eine wohltuende Einigkeit darüber, für wen sie Christus zu halten haben: Christus ist der Sohn des Ewigen Vaters und der allerseligsten Jungfrau Maria. Der Glaube an die Gottheit Jesu ist gerade die Voraussetzung für die Marienverehrung. Denn bei Maria verhält es sich anders als bei anderen Müttern. Andere Frauen sind

Mütter, weil *sie* (im günstigsten Fall) es wollten. Maria ist Mutter, weil ihr *Sohn* es wollte. Eine Mutter ist Mutter, weil sie sich für ein Kind entschieden hat. Maria ist Mutter, weil Gott sich für sie entschieden hat. Irdische Mutterschaft geht zurück auf eine menschliche Entscheidung (oder Leidenschaft), die Mutterschaft Mariens auf eine göttliche Auserwählung. Mütter schenken ihren Kindern das Leben, Maria wurde die Mutterschaft geschenkt. Die Initiative ging nicht von der Mutter aus, sondern von dem, der ihr Sohn werden wollte. Die *Mutterschaft Mariens* enthält mehr noch eine Aussage über Christus als über Maria. Maria wegen ihrer Christusmutterschaft zu *verehren*, bedeutet, den Ratschluß des ewigen Logos anzuerkennen und anzubeten – so wie die Verehrung Abrahams eine Verherrlichung des Ratschlusses Gottes bedeutete, der Abraham auserwählte. Die Marienverehrung ist eine Frucht des Glaubens an die Gottheit Jesu. Sie ist eine besondere Form der Christusverehrung. Genau deshalb ist sie Garant der Einheit im Christusglauben. Gibt man den Glauben an die Gottheit Jesu auf, ist Jesus nur noch ein Mensch, im günstigsten Fall der vollkommenste Mensch. In diesem Fall nimmt er genau jenen Platz ein, den bis dahin Maria innehatte. Die Marienverehrung erscheint dann als ein Konkurrenzunternehmen zu Christus. Die Leugnung der Gottheit Christi führt folgerichtig zum Vorwurf der Vergöttlichung Mariens an jene, die Maria für das halten, für was die Leugner Christus halten.

Die Verehrung Mariens schließt das Bekenntnis zur Gottheit Jesu, der sich Maria zur Mutter erwählte, mit ein. So ist Christus selber Garant der Einheit – durch Maria. So wie Maria erst durch Christus Mutter geworden ist. Christus ist Urheber der Mutterschaft Mariens und damit Urheber unserer Marienverehrung. So wie Gott Urheber der Verehrung Abrahams und dessen geistlicher Vaterschaft war: "In dir sollen gesegnet sein alle Geschlechter der Erde" (Gen 12,3): "Denn siehe, von nun an werden mich selig preisen alle Geschlechter" (Lk 1,48). Die Einheit *dieser* Seligpreisung ist die Einheit des Gottesvolkes. In der Endzeit werden viele Messiasse auftreten und, womöglich, auch die Auserwählten irreführen (vgl. Mt 24,24). Die Entscheidung aber wird fallen zwischen dem Drachen und der Frau. Entscheidend wird sein, unter denen zu sein, die zur Nachkommenschaft, zum Samen der Frau gehören. Denn sie sind es, "die die Gebote Gottes beobachten und *am Zeugnis Jesu festhalten"* (Apk 12,17).

Wenn ihr nicht werdet wie die Kinder...

Das Wort des Herrn "Wenn ihr nicht werdet wie die Kinder..." (Mt 18,3) ist uns allen wohlbekannt. Aber wir würden schon Mühe haben, genau anzugeben, auf welchen Charakterzug der Herr hinaus will. Daß wir auf Grund dieses Wortes wieder von Schule oder Beruf zurückkehren sollen an den Spielplatz im Sandkasten, ist wenig wahrscheinlich. Hier kommt uns nun ein anderes Wort zu Hilfe: "Wer das Reich Gottes nicht annimmt wie ein Kind, wird nicht hineingelangen" (Mk 10,15). Es geht also um unser Verhältnis zum Reich Gottes. Hier wird von uns ein kindliches Verhalten erwartet.

Wie nimmt denn ein Kind ein Geschenk von seinem Vater an? Natürlich freudestrahlend und ohne Zögern. Wir sind oft ganz anders, wenn es um das Geschenk des Gottesreiches geht. Wir zweifeln und hinterfragen. Das gilt sogar als wissenschaftliche Tugend. Wir bilden uns oft etwas darauf ein, besonders "kritisch" zu sein. Wir sind doch keine kleinen Kinder mehr, eben. Wir sind mündig. Schlagartig wird deutlich, wie weit wir uns von der Forderung des Evangeliums entfernt haben.

Natürlich sollen wir kritisch sein; es fragt sich nur, wem gegenüber. Als ich kürzlich mit einem jungen Katholiken diskutierte, der übrigens eine kirchliche Schule besuchte, meinte er, daß wir doch die Kirche und ihre Lehre hinterfragen müssen. Auf meine Frage, *warum* wir das eigentlich tun sollten, wußte er keine Antwort.

"Geliebte, glaubet nicht jedem Geiste, sondern prüfet die Geister, ob sie aus Gott sind" (1 Joh 4,1). Prüfen können wir nur, wenn wir einen Maßstab haben. Diesen Maßstab besitzen wir im Wort Gottes. Der Heilige Geist ist es, der uns in das Verständnis dieses Wortes einführt, derselbe Heilige Geist ist es, der die Kirche, das Reich Gottes auf Erden, beseelt und leitet. Der vom Heiligen Geist erfüllte Mensch ist der kritischste von allen, denn er "beurteilt alles, wird jedoch selbst von niemand beurteilt" (1 Kor 2,15). Gleichzeitig aber ist der Heilige Geist der Geist der Kindschaft, der uns ausrufen läßt: Abba, Vater! (vgl. Gal 4,6).

Kritik unterscheidet. Sie differenziert. Das ist dort notwendig, wo es um eine Mischung geht: von wahr und falsch, von gut und böse. Prüfet alles, das Gute behaltet (1 Thess 5,21). Gott dagegen ist einfach: Er ist Licht, und in ihm ist keine Finsternis (vgl. 1 Joh 1,5). Deshalb muß auch unser Auge einfach sein: "Ist dein Auge einfach, so ist dein ganzer Leib im Licht" (Mt 6,22). Die Einfachheit und Lauterkeit ist Sache des Kindes. Sein Blick ist rein, noch ungetrübt von Falschheit, Argwohn und Mißtrauen. Das Hinterfragen lebt vom Argwohn. Gottes Wort aber duldet keinen Argwohn. Kinder nehmen ohne Zögern das Geschenk des Vaters an, weil sie ihren Vater kennen und ihm vertrauen. Sie haben es nicht nötig, das Geschenk vorher zu überprüfen. Wenn wir den Geist Christi haben, dann nehmen wir das Reich Gottes an wie ein Kind. Womit sollten wir es denn überprüfen? Welchen Maßstab haben wir denn, mit dem wir noch den göttlichen Maßstab messen könnten? Kritisch sein gegenüber dem Wort Gottes? Kirche und Evangelium hinterfragen? Bloß partielle Identifikation? "Eure Rede sei Ja, Ja, Nein, Nein. Was darüber hinausgeht, ist vom Bösen" (Mt 5,37). Heilige Entschlossenheit erwartet der Herr von uns. Die kritische

Attitüde des Hinterfragens ist oft nur die Maske der eigenen Unentschlossenheit – oder gar von etwas Schlimmerem: Als Pilatus nicht mehr weiter wußte, fing er auch an, zu hinterfragen: "Was ist Wahrheit?" (Joh 18,38).

Für einen Außenstehenden, dem sich der Glaube noch nicht erschlossen hat, mag die Sache anders aussehen. Er steht gewiß vor der Notwendigkeit, sich der Wahrheit des Anspruchs, mit dem die Kirche das Evangelium verkündet, auf irgendeine Weise erst einmal zu vergewissern. Wie ihm das möglich ist – es *ist* möglich –, ist hier nicht unser Thema. Nur: Wenn heute jemand den Glauben hinterfragt, dann soll er doch gleich zugeben, daß er eigentlich (noch) "draußen" steht. Uns dagegen sollte es nicht darum gehen, das Wort Gottes zu *hinterfragen*, sondern es zu *verstehen*. Die "kritischen" Katholiken kommen mit ihrem Hinterfragen von Kirche und Glaube meistens zu keinem Ende. Aber ihr eigenes Hinterfragen zu hinterfragen, sind sie nicht kritisch genug. Und so bleiben sie ewig vor dem Eingangstor stehen, ohne einzutreten. Wenn wir eintreten, müssen wir alles Kritische und Skeptische ablegen. Wir sind nicht Richter über Gottes Wort. Es gilt vielmehr das Gegenteil: "Denn lebendig ist das Wort Gottes und wirksam, und schärfer als jedes zweischneidige Schwert, und dringet durch, bis daß es Seele und Geist, auch Mark und Bein scheidet, und ist ein Richter der Gedanken und Gesinnungen des Herzens" (Hebr 4,12). Es gibt nur *eine* Sorte von Menschen, die dieses Gericht überstehen: das sind die Kinder – im Sinne des Evangeliums. Bei ihnen gibt es nichts zu scheiden. Sie sind einfach. Für solche ist das Himmelreich.

Kinder fühlen sich wohl im Reiche ihres Vaters. Ihre

Unschuld gibt ihnen ein untrügliches Gespür für das, was der Liebe des Vaters entspringt, für alles Edle, Reine, Gute. Das gilt im übernatürlichen Bereich noch mehr als im natürlichen. Der hl. Thomas von Aquin spricht von der Erkenntnis durch Wesensverwandtschaft (Konnaturalität): Nur wer selber rein ist, kann den Wert der Reinheit erfassen. Nur wer selber liebt, kann die Liebe Gottes verstehen. Nur wer selber gut ist, erkennt die Güte des Vaters. Diese Art der Erkenntnis ist mühelos. Sie ist nicht das Ergebnis endloser Diskussionen, sondern die dankbar empfangene Gabe der Weisheit. "Wer aus der Wahrheit ist, hört auf meine Stimme" (Joh 18,37).

Wir haben keine Zeit zu verlieren. Viele Schätze warten auf uns. Die Welt des Glaubens will von uns erkundet werden. Es ist eine Welt voller Abenteuer: der Abenteuer eines Gottes, dessen Liebe vor den göttlichsten Torheiten nicht zurückschreckt. "Die göttliche Torheit ist weiser als die Menschen" (1 Kor 1,25). Die sich selbst für weise halten, mögen derweil draußen darüber diskutieren, was heute noch "zumutbar" ist, und darüber alt werden: Wir wollen aus dem Vollen schöpfen. Der zögerliche Schritt des Zweiflers ist nicht unsere Sache: Wir wollen laufen, wie Kinder freudetrunken – und ungeduldig, immer wieder Neues im Reiche unseres Vaters zu entdecken. Wir haben keine Zeit zu verlieren.

Das Kreuz

Wenn wir das Kreuz betrachten, treten wir ins Innerste des Heiligtums ein. Leiden und Tod des Herrn sind eine Offenbarung seiner Liebe. "Eine größere Liebe hat niemand, als wer sein Leben hingibt für seine Freunde" (Joh 15,13). Durch die Betrachtung der Passion Christi lernen wir am besten die innerste Gesinnung seines Herzens kennen. Jedes Detail gewinnt Bedeutung. In seiner "Summa theologica" geht der hl. Thomas von Aquin in dem Abschnitt über das Leiden Jesu eine ganze Reihe von Fragen durch: ob Christus *am Kreuze* habe leiden müssen, ob er *alle* Qualen erduldet habe, ob sein Schmerz der größte aller Schmerzen gewesen sei, ob er der ganzen Seele nach gelitten habe, ob er zur angemessenen Zeit und am angemessenen Ort gelitten habe, ob es angemessen gewesen sei, daß er zusammen mit den Schächern gekreuzigt worden sei usw. Diese Fragen sind nicht Ausdruck einer ungehörigen Neugier, sondern der Sehnsucht der Liebe, in jedem Detail die Liebe des Geliebten zu entdecken. Denn der Liebe ist nichts gleichgültig. Das ist ein Grundsatz, der allgemein zwischen Menschen gilt. Wenn ein Junge sich in ein Mädchen verliebt, dann beginnt er sich für *alles* an ihm zu interessieren, auch für Kleinigkeiten, die uns normalerweise kalt lassen, etwa für seine Augenfarbe. Oder hat uns etwa jemals die Augenfarbe eines Cäsars oder Kants interessiert? Für die Liebe aber erhält alles Bedeutung. Sie kennt keine Gleichgültigkeit.

Wenn wir den Herrn lieben, ist uns jeder Umstand seines Sterbens bedeutsam. Nichts soll der Aufmerksamkeit unserer Liebe entgehen. In manchen alten Darstellungen des Gekreuzigten finden wir Engel abgebildet, die in heiligen Gefäßen das kostbare Blut, das aus seinen Wunden fließt, auffangen: Kein noch so kleines Tröpflein soll verlorengehen.

Beim Tod unseres Herrn kommt noch etwas Unterscheidendes hinzu. Normalerweise ist der Tod ein Widerfahrnis, das der Mensch einfach hinnehmen muß. Ob jemand an Krebs oder an den Folgen eines Autounfalls stirbt, bestimmt nicht der Sterbende. Bei Christus ist es anders. Er gibt sein Leben freiwillig hin. Sein Tod ist ein *Opfer*, *Hingabe* seines Lebens. "Deshalb liebt mich der Vater, weil ich mein Leben hingebe, um es wieder zu nehmen. Niemand vermag es mir zu nehmen, ich gebe es freiwillig hin. Ich habe habe Macht, es hinzugeben und es wieder zu nehmen" (Joh 10,17f). Öfters begegnen wir im Evangelium der Episode, daß sie ihn ergreifen wollten, er aber mitten unter sie hindurchging, ohne daß sie ihm was anhaben konnten (z.B. Lk 4,30). Denn seine Stunde war noch nicht gekommen. Nicht seine Feinde, sondern er selbst bestimmt, wann er sein Leben für seine Freunde hingibt. Erst dadurch wird ja sein Leiden Ausdruck *Seiner* Liebe statt des Hasses seiner Feinde. Letzteres gilt natürlich auch, aber die Henker sind nur ausführende Werkzeuge eines Planes, den sie nicht kennen. Christus aber kennt ihn. Es ist der ewige Ratschluß, den er selbst als Logos mit dem Vater in der Einheit des Heiligen Geistes zu unserer Erlösung gefaßt hat. Christus ist Ausführender *und* Urheber dieses Ratschlusses. Erst dadurch kann tatsächlich jeder Umstand seines Todes Zeugnis seiner Liebe werden. Nichts ist dem Zufall überlassen, nichts bloßes Widerfahrnis. Alles ist Teil des Ratschlusses, den die Liebe ersonnen hat. Vom ersten

Augenblick an, da der Logos Mensch wurde, hatte er das Kreuz vor Augen als das Ziel, auf das sein Leben zur Erlösung der Menschen hinauslaufen sollte.

Zu leugnen, daß Christus seinen Tod als Opfer zur Erlösung der Menschen verstanden und gewollt hat, bedeutet deshalb die Entweihung des Heiligtums. Die Leugnung des Kreuzesopfers beraubt das Christentum seiner Herzmitte. Dann werden auch die Fragen des hl. Thomas von Aquin kurios. Christus wird mir fremd. Sein Tod war nicht ein Tod *für mich*, der ich zweitausend Jahre später lebe. Christus mag geliebt haben, aber er liebte nicht *mich*. Er kannte mich nicht einmal.

Die Konsequenz ist ein Umgang mit dem Evangelium, der den Herrn zu einem Spielball unserer Interessen macht. Die Frage: "Was bedeutet Christus für mich?" wird zu einem Raster, das nur gelten läßt, was mich gerade interessiert. Den Befreiungstheologen interessiert etwas anderes als die Feministin oder den Tiefenpsychologen, und entsprechend anders fällt das Bild aus, das man sich von Christus macht. Was nicht ins Raster paßt, läßt gleichgültig oder wird zum Ärgernis.

Machen wir uns nichts vor: Genau das ist der Punkt, an dem sich die Geister scheiden – auch die Theologen. Wahrscheinlich glaubt von diesen nur noch eine Minderheit an den Opfertod Jesu Christi, nachdem sich unter den Exegeten die Irrlehre durchgesetzt hat, daß Christus sich in der Naherwartung des Reiches Gottes geirrt habe. Dann löst sich natürlich das *für mich* seines Todes auf. Jesus Christus hatte nicht wahrhaft *mich* während seines ganzen Leidens vor Augen. Was sein Tod "mir" bedeutet, bleibt frommen Anmutungen überlassen, die mit dem historischen Jesus und mit "wissenschaftlicher" Theologie nichts zu tun haben. Die Einheit von Theologie und Spiritualität zerfällt. Dieser Zerfall spiegelt sich im Angebot vieler Schriftenstände in unseren Kirchen wider: neben seichten Schriften fürs Herz à la "Wort der Freude für jeden Tag" liegen "kritische" Werke der Herren Küng & Co.

Die Erneuerung kann nur in der Rückkehr zum Glauben an das Kreuz bestehen: als das Zeichen der Liebe unseres Gottes. Der historische Jesus, der am Kreuze litt und starb, *ist* der Gott, der uns aus Liebe erschaffen und den Erlösungsratschluß gefaßt hat. Sein Leiden ist meine Erlösung, sein Tod ist mein Leben. "Sofern ich noch im Fleische lebe, lebe ich im Glauben an den Sohn Gottes, der mich geliebt und sich für mich hingeopfert hat" (Gal 2,20). Das Kreuz ist zum Zeichen dafür geworden, was ich *Ihm* bedeute.

Fata Morgana

Daß eine Fata Morgana für Wirklichkeit genommen wird, ist eine Gefahr, die jeder kennt. Das Umgekehrte ist viel ungewöhnlicher. Im Traum den Traum für Wirklichkeit zu nehmen, gehört zum Traum dazu. Die Wirklichkeit für einen Traum zu halten, ist selten der Fall. Genau das widerfuhr dem heiligen Petrus, als er vom Engel aus dem Gefängnis befreit wurde: "Er folgte ihm und ging hinaus, wußte aber nicht, daß es Wirklichkeit war, was durch den Engel geschah. Er meinte vielmehr, ein Traumgesicht zu haben" (Apg 12,9). 'Dies ist zu schön, um wahr zu sein', dachte Petrus vielleicht. Und so ergeht es dem ganzen Christentum bis auf den heutigen Tag. Ein Gott, der aus Liebe zu uns Mensch geworden ist, dessen Liebe so groß ist, daß er für uns gestorben ist, der den Tod überwunden hat und uns ewig glücklich machen will? Zu schön, um wahr zu sein. Man hält diese Lehren für Mythen. Das Christentum wird zu einem Märchen.

Tatsächlich ist das Christentum märchenhaft schön. Es *ist* ein Märchen. Der Unterschied zu anderen Märchen besteht darin, daß es nicht menschlicher, sondern göttlicher Phantasie entsprungen ist. Und Gott ist nun mal ein Autor, der Märchen nicht nur schreiben, sondern Wirklichkeit werden lassen kann. Gute Märchen enthalten in sich eine allegorische Wahrheit. Sie sind *allegorisch* wahr, weil es *ein* Märchen gibt, das *historisch* wahr ist. Viele Märchen enden zum Beispiel mit dem Sieg des Guten über das Böse. Das ist nur deshalb keine Illusion naiven Wunschdenkens, weil *einmal* das Gute das Böse *wirklich* überwunden hat, und zwar so, daß, wer immer nur wahrhaft will, sich diesem Triumph anschließen kann.

Trotzdem setzen viele Menschen alles daran, um irgendwelche Gründe zu finden, nicht an die Wahrheit dieses Märchens zu glauben. Was für ein Interesse kann man bloß daran haben, *nicht* von einem Gott unendlich geliebt zu werden? Mir erscheinen zwei Gründe plausibel. Erstens sind Märchen etwas für Kinder; das christliche Märchen, so scheint es, ganz besonders: Mit seiner Kunde von der Liebe eines Gottes, der jenen das Glück bereitet hat, die immer schön klein, sanft und demütig bleiben, hindert es uns daran, erwachsen zu werden, uns der rauhen Wirklichkeit zu stellen und das Leben selber in die Hand zu nehmen. Zweitens kann man sich vor der Liebe Gottes, *wenn* es sie gibt, nicht schützen. Seine Liebe sucht uns heim wie ein verzehrendes Feuer. Sie macht uns zu Schuldnern und zerrt den Abgrund unseres Elends ans Licht. Einen unerträglichen Schmerz, daß sie sterben zu müssen glaubte, nannte die selige Angela von Foligno die Wirkung jenes Wortes, das sie bei der Betrachtung der Passion Christi in ihrer Seele hörte: "Nicht zum Scherz habe ich dich geliebt!" Dieses Feuer brennt, und es gereicht uns entweder zur läuternden Umwandlung oder zur qualvollen Pein.

So stellt sich die Glaubensverweigerung als eine Flucht heraus. Die rauhe Wirklichkeit, der man sich angeblich stellt, ist harmlos im Vergleich zur Wirklichkeit Gottes, der ein verzehrendes Feuer ist (vgl. Hebr 12,29). Weil man weder Kind noch Schuldner sein will, flieht man vor der Liebe in eine trugvolle, weil gottlose Wirklichkeit. Wer glaubt, stößt dagegen zur märchenhaften, aber eigentlichen Wirklichkeit vor. Er wird tatsächlich ein Kind, aber weil es ein *göttliches* Märchen ist, wird er ein *Gottes*kind. "Allen aber, die an seinen Namen glauben, gab er Macht, Kinder Gottes zu werden" (Joh 1,12).

In vielen Märchen kommen Verwandlungen vor, z.B. von Fröschen in Prinzen. Die schönste Verwandlung kommt nur in der Wirklichkeit vor: die Verwandlung von Menschenkindern in Gotteskinder. Deren Leben ist verborgen mit Christus in Gott (s. Kol 3,3). Es ist dem Zugriff dessen, was die Unverwandelten die rauhe Wirklichkeit nennen, entzogen. Man kann ihnen das irdische Leben rauben, aber nicht das göttliche. Das ist der Grund, weshalb die Gotteskinder, die an das göttliche Märchen glauben, es sich leisten können, trotz aller Härte des Erdenlebens sanft und demütig zu bleiben. Ihre Sanftmut ist nicht die Resignation vor der Auseinandersetzung mit der Wirklichkeit, sondern die Frucht ihres Glaubens, der diese Wirklichkeit durchschaut hat als ohnmächtigen Schein gegenüber der Wirklichkeit Gottes. Weil ihr Leben in der Hand des Vaters liegt, brauchen sie die Welt nicht mehr zu fürchten. Die Glaubensverweigerer dagegen fürchten die Liebe Gottes und arrangieren sich deshalb mit einer Welt, die ihnen am Ende doch entschwinden wird.

Somit besteht das Verhängnis nicht darin, daß Christen eine Fata Morgana für die Wirklichkeit halten, sondern daß eine glaubenslose Zeit die rettende Oase in einer Wüste für eine Fata Morgana hält. Der Glaubensverweigerer ist tatsächlich wie einer, der neben einer sprudelnden Quelle lebendigen Wassers langsam verdurstet. Die rettende Botschaft von der Liebe Gottes hält er für eine zu simple Antwort auf die Not der Zeit. Der Hinweis auf das Leiden in der Welt ist der Standardeinwand gegen die Existenz der Liebe Gottes: so als ob der Durst ein Gegenargument gegen die Existenz der Wasserquelle wäre. Da der Durst das einzige ist, was er spürt, hält er ihn allein für wirklich. Wer aber an die Wasserquelle glaubt, sich ein Herz faßt und – trinkt: der weiß, daß das Wasser Wirklichkeit ist – und der Durst löst sich ihm in nichts auf.

Zu schön, um wahr zu sein? Das göttliche Märchen ist zu wahr, um nicht die Seele aller Glaubenden mit der Schönheit kindlicher Unschuld zu erfüllen. Diese Welt ist zu nichtig, um ihre so erwachsenen Kinder nicht zu enttäuschen. Der Glaube an das göttliche Märchen des Christentums ist der Engel, der uns wie Petrus aus dem Gefängnis der Welt hinausführen will in die Weite der göttlichen Liebe. Wenn wir diesem Engel folgen, erwachen wir zur Wirklichkeit.

Paradox der Hingabe

"Als von Christus Erlöste wollen wir die beglückende Erfahrung seiner Liebe anderen weitergeben und sein Licht in diese Welt hineinleuchten lassen", so heißt es in unserem CKJ-Programm. Ein Zeugnis ist nur glaubwürdig, wenn ihm eine lebendige Erfahrung vorausgeht. Wenn wir hier von "Erfahrung" sprechen, dann nicht in dem Sinne, wie dieser Begriff manchmal von den Modernisten gebraucht wird, so als ob erst die Erfahrung darüber entscheide, was für unseren Glauben relevant sei und was nicht. Im Gegenteil, die Beziehung ist genau umgekehrt: Erst der starke und lebendige Glaube macht uns zu neuen Erfahrungen fähig. Der hl. Ignatius nennt diese geistliche Erfahrung das "Fühlen und Kosten der Dinge von innen", und bei welchem Gegenstand unserer ehrfürchtigen Betrachtung ist dies naheliegender als bei der Liebe unseres Schöpfers und Erlösers! "Kostet und seht, wie gut der Herr ist!", singt schon der Psalmist (34,9).

Doch diese Erfahrung können wir nicht erzwingen. Sie ist ein Geschenk Gottes. Aber wir können unsere Seele bereit machen, daß sie dieses Geschenkes fähig wird. Denn viele Gnaden *kann* uns Gott gar nicht schenken, weil *wir* nicht zum Empfang bereit sind. Zu dieser Bereitschaft gehört nicht nur die unmittelbare Vorbereitung, indem wir uns in die anbetende Betrachtung der Liebe unseres Herrn versenken, etwa erwägend, "wie sehr derselbe Herr danach verlangt, Sich selbst mir zu geben, soweit Er es nur vermag gemäß Seiner Göttlichen Herablassung", wie der hl. Ignatius schreibt. Vielmehr gehört dazu eine grundsätzliche Reinigung der Seele. Einer unreinen, niedrig gesinnten

ten oder aufgeblähten Seele kann sich der Herr nicht mitteilen. Die Läuterung unserer Seele durch Buße, Selbstverleugnung und Abstieg in die Tiefen der Demut befreit uns von dem Trug der Erfahrungen, die die Welt uns bereitet. Wir entdecken plötzlich, daß unsere Seele Augen ganz eigener Art besitzt, bestimmt für ein Licht, das wir bis dahin nicht gekannt haben. Die Torheit des Kreuzes erscheint uns plötzlich als höchste Weisheit, die Demut als Reichtum, die Selbstverleugnung als Wonne. Denn je mehr unser Herz durch Kreuz, Demut und Selbstverleugnung von der eigenen Finsternis gereinigt wird, um so mehr wird es zwangsläufig vom göttlichen Licht erfüllt (auch im geistlichen Leben gilt der *horror vacui!*). "Selig die reinen Herzens sind, denn sie werden Gott schauen" (Mt 5,8).

Das Licht, das wir entdecken, ist nicht neu. Es hat immer schon geleuchtet. Aber wir haben es zum ersten Mal mit den *Augen des Herzens* (Eph 1,18) wahrgenommen. Doch wo leuchtet dieses Licht des Herrn? Wenn dieses Licht weitergegeben werden kann, wie unser CKJ-Programm voraussetzt, dann haben auch wir es empfangen als ein Weitergegebenes: Es begegnet uns in den Heiligen. "So soll euer Licht vor den Menschen leuchten..." (Mt 5,16). Tatsächlich gehört die Begegnung mit einem Heiligen zu den größten Gnaden, die der Herr uns schenken kann. Es läßt sich kaum etwas Beglückenderes vorstellen als der Umgang mit einem Menschen, der von Herzen demütig ist. Im *anderen* erscheint uns die Demut und die Lauterkeit des Herzens in ihrem wahren Antlitz. Hier erkennen wir ihren beglückenden Charakter. Die Mühe und der Schmerz, die *unsere* Demut, nach der wir streben, uns bereitet, ist nur die Rückseite des Glücks. Unser "Leben ist mit Christus verborgen in Gott" (Kol 3,3). Es ist auch *uns* verborgen, aber es leuchtet den anderen. Dieses Licht Gottes, das durch seine Heiligen in der Welt aufleuchtet, ist eine ständige Fortsetzung der Epiphanie, die wir jedes Jahr am 6. Januar feiern. "Auf! werde licht, Jerusalem!" (Liturgie von Epiphanie). Träger der Epiphanie des Herrn zu werden, ist – nach den obigen Worten unseres Programms – das Ziel unserer Christkönigsgemeinschaft. Wir können dieses Ziel nur erreichen, wenn wir bereit sind, selber großmütig auf jede Erfahrung des Glücks, das wir anderen spenden wollen, zu verzichten. Erst dann können wir es selber erfahren – wann und wo der Herr es will. Das Glück der *anderen* lebt von *unserer* Selbstverleugnung, so wie *unser* Glück von der Selbstverleugnung jener Lichtträger lebt, die der Herr uns begegnen läßt. Das Glück aller aber lebt von der unaussprechlichen Selbstverleugnung des Herrn, der "sich selbst erniedrigte und gehorsam ward bis zum Tod, ja bis zum Tod am Kreuz" (Phil 2,8).

Das ist das Paradox der Hingabe: Wir werden die *beglückende Erfahrung seiner Liebe* nur weitergeben können, wenn wir sie gar nicht suchen. Wir werden zum Schauen nur gelangen, wenn wir in reinem Glauben zu wandeln bereit sind. Wir werden nur leuchten, wenn wir nichts von dem beglückenden Licht, das uns leuchtet, für uns behalten wollen.

Unser Streben gilt also nicht irgendwelchen Glückserfahrungen, sondern der Großmut. "Ewiges Wort, eingeborener Sohn Gottes! Lehre mich die wahre Großmut. Lehre mich Dir dienen, wie Du es verdienst: geben, ohne zu zählen; kämpfen, ohne der Wunden zu achten; arbeiten, ohne Ruhe zu suchen; mich hingeben, ohne Lohn zu erwarten. Mir genügt das frohe Wissen, Deinen heiligen Willen erfüllt zu haben. Amen" (Gebet des hl. Ignatius). Nur der Großmütige leuchtet.

Wurzeln

Im Evangelium heißt es einmal, daß *"sie keine Wurzeln in sich haben"* (Mk 4,17). Die Rede ist von jenen, die das Wort Gottes anhören und es sogleich mit Freuden aufnehmen, dann aber Anstoß nehmen und zu Fall kommen, wenn Bedrängnis oder Verfolgung hereinbricht. Mit der Rede von den Wurzeln stellt der Herr uns ein Ideal vor Augen, das zu heutigen Idealen im Widerspruch steht: Wer Wurzeln hat, kann sich nicht fortbewegen. Ein *Fortschritt* ist unmöglich. Oder sagen wir besser: ein Fortschritt in einem bestimmten Sinn, nämlich ein solcher, bei dem man sich immer mehr vom Ausgangspunkt entfernt. Heute ist in der Kirche ein solcher Begriff von "Fortschritt" weit verbreitet. Das zeigt sich an der Abneigung, die man der Vergangenheit entgegenbringt und allem, was daran erinnert: den "verstaubten" Dogmen, den "überholten" Frömmigkeitsformen wie Sakramentsandachten, der "alten" Liturgie. Bei den Modernisten bedeutet Fortschritt, sich vom früheren Glauben und dem, was ihn ausdrückt, zu entfernen, um sich dem wechselnden Zeitgeist und seinen Ideen zu nähern. Das widerspricht dem, was der Herr von uns verlangt. *Wurzeln* sind ein Bild der Beständigkeit und der Treue. *Glauben* bedeutet, das Wort Gottes anzunehmen und ihm die Treue zu halten. Und dann ist auch ein Fortschritt im biblischen Sinne möglich, der aber ganz anders aussieht als der eben erwähnte. Hier bedeutet Fortschritt *Wachstum*. Die Pflanze wächst und wächst, und je mehr sie wächst, um so tiefer reichen die Wurzeln ins Erdreich. Ja, mit einer Pflanze vergleicht uns der Herr, nicht mit einem Rennwagen! Die Pflanze bleibt immer an

derselben Stelle. So sollen wir immer in demselben einen Glauben verwurzelt bleiben. Aber wir sollen wachsen im Glauben: unser Glaube soll immer tiefer werden, immer stärker, immer erleuchteter. Es bleibt immer dasselbe Wort des Herrn ("Himmel und Erde werden vergehen, aber meine Worte werden nicht vergehen" Mt 24,35), in dem wir verwurzelt sein sollen und von dem wir uns nie entfernen dürfen. Aber es soll immer wieder neue Früchte in uns hervorbringen. Das gilt für die Entwicklung im Kleinen wie im Großen, d.h. für unsere persönliche wie für die der ganzen Kirche, dem Reiche Gottes. Denken wir nur an das Senfkorn, mit dem der Herr das Himmelreich vergleicht: Es "schießt empor und wird größer als alle Gartengewächse. Es treibt so große Zweige, daß die Vögel des Himmels in seinem Schatten wohnen können" (Mk 4,32).
Die Wurzeln sind für die Ernährung der Pflanze wichtig. Das Wort Gottes ist die Nahrung unserer Seele. Es soll unseren Verstand erleuchten, unser Denken leiten, unser Leben prägen. Je tiefer unsere Wurzeln reichen, um so kraftvoller werden wir vom Worte genährt; um so mehr werden wir mit ihm eins, so daß selbst Bedrängnis und Verfolgung uns nicht mehr von ihm trennen können. Das Wort Gottes muß gewissermaßen ein Teil von uns selber werden. "Lieber sterben, als den Glauben verraten!" muß die selbstverständliche Losung unseres Lebens sein. Wenn dies der Fall ist, dann können wir auch Früchte bringen, d.h. nicht nur Glaubende sein, sondern *Zeugen* des Glaubens, nicht nur Erleuchtete, sondern Lichtspender. Wir sind dann einer der vielen Zweige, die mithelfen, möglichst vielen Vögeln Wohnung im Baum der Kirche zu gewähren.

Wir sehen also, wie sich Verwurzelung und wahrer Fortschritt, Treue und Wachstum gegenseitig bedingen. Treue und Beständigkeit sind nicht etwas Totes. Denn das Wort Gottes, mit dem sie es zu tun haben, ist etwas in sich Lebendiges. Die Entwurzelung ist es, die den Tod bringt. Die Entwurzelung der letzten Jahrzehnte brachte den Niedergang kirchlichen Lebens. Darüber kann auch hektische Betriebsamkeit nicht hinwegtäuschen. Es heißt in unserer Markusstelle: "Sie haben keine Wurzeln in sich, sondern sind unbeständig." Das lateinische Wort für "unbeständig" lautet *temporales*, d.h. zeitlich, vergänglich. Das Wort "Tempo" kommt daher. Das Tempo, mit dem man hektisch und traditionsvergessen nach immer wieder Neuem sucht, ist ein verräterisches Zeichen für den Tod, den man im eigenen Herzen trägt. Die tief verwurzelte Pflanze, die in ruhigem, stetigem Wachstum ihre Arme nach oben dem Licht entgegenstreckt, ist dagegen ein Bild der Ewigkeit. Nur wenn wir Wurzeln fassen im Worte Gottes, werden wir ewig leben. "Wer an den Sohn glaubt, hat ewiges Leben" (Joh 3,36).

Wir nehmen das Leben zu ernst

In ihrem Tagebuch berichtet die sel. Faustine an einer Stelle über das Ringen Gottes um die Rettung der Seelen in den letzten Augenblicken ihres Lebens. In letzter Sekunde gelangt manchmal die Barmherzigkeit Gottes noch zum Sünder, in sonderbarer und geheimnisvoller Weise. Nach außen scheint alles verloren, kein Zeichen der Reue ist erkennbar, aber angestrahlt von einer besonderen Gnade wendet sich die Seele Gott zu und wird gerettet. Aber, so fährt die sel. Faustine fort, es gibt Seelen, die selbst diese Gnade zurückweisen und verdammt werden. Sie machen die Anstrengungen Gottes zunichte...

Wir können heute sehen, wie innerhalb und außerhalb der Kirche gigantische Anstrengungen gemacht werden, um die Menschen von dem einen Wesentlichen abzulenken: von der Entscheidung über ihr ewiges Schicksal. Alles mögliche Andere schiebt sich in den Vordergrund, aber von der Hölle zu sprechen gilt als lieblos. Dabei ist es gerade die Liebe, die das ewige Seelenheil des Nächsten im Auge hat und ihm deshalb die Augen über die ewigen Konsequenzen seines jetzigen Lebens öffnen will. Die Exerzitien, die der hl. Ignatius von Loyola uns geschenkt hat, zielen z.B. ganz auf diesen Punkt ab. Nichts wird abgeschwächt oder verharmlost, sondern der Mensch wird knallhart mit dem unendlichen Gewicht seiner Verantwortung konfrontiert. Das kann eine sehr unbequeme Sache sein, ja sogar belastend. Aber wenn man da einmal hindurchgegangen ist und im Angesicht der Ewigkeit eine das ganze Leben fortan prägende Entscheidung getroffen hat, macht man eine entgegengesetzte Erfahrung: Es lebt sich viel leichter und gelassener. Denn was sind jene Dinge, denen wir aus unserer Froschperspektive heraus oft so große Bedeutung beimessen, im Vergleich zur Ewigkeit? Viele Sünden haben ihren Grund in dem Umstand, daß wir gewisse Dinge zu wichtig nehmen und deshalb ihren Verlust nicht ertragen können. So werden sie uns zu Fallstricken und rauben uns den Frieden. Eine Beleidigung, die wir erfahren müssen, ein Unrecht, ein Mißgeschick, ein Mißerfolg – wie regen sie uns manchmal auf! Die Heiligen hatten dafür nur ein Lächeln übrig. Sie klebten nicht an den Dingen dieser Welt, nach denen sich viele Menschen die Beine ausreißen, als ob sie der Himmel selber wären: Karriere, Reichtum, Prestige... In der Ewigkeitsperspektive lebend, bewahrten sie sich ihre Freiheit. Nicht einmal den Tod fürchteten sie. Wie leicht wird doch das Leben, wenn wir die Dinge so leicht nehmen, wie sie in Wirklichkeit sind.

Wir nehmen das Leben zu ernst, weil wir vergessen, wie kurz es ist. Gleichzeitig nehmen wir das Leben zu wenig ernst, weil wir vergessen, daß es über die ganze Ewigkeit entscheidet. Diesen scheinbaren Widerspruch können wir auflösen, wenn wir an den Vergleich mit einem Theaterstück denken. Wenn in dem Stück ein guter Freund von uns stirbt, wäre es lächerlich, sich über seinen Tod zu grämen: Er ist ja nur im Stück gestorben, nicht in Wirklichkeit. Wenn die Aufführung zu Ende ist, werden wir ihn wiedersehen. In diesem Sinne sollen wir das Theaterstück nicht ernst, d.h. nicht als Wirklichkeit nehmen. Aber unsere Rolle sollen wir ernst nehmen. Davon, ob wir unsere Rolle gut spielen, hängt unsere Zukunft ab. In diesem Sinne sollen wir unser Leben ernst nehmen: Unsere ganze Ewigkeit hängt davon ab, *wie* wir leben, ob gut oder schlecht, ob edel oder gemein. *Welche* Rolle aber wir zu spielen haben, hängt nicht von uns ab, und *was* an Situationen in dem Stück auf uns zukommt, wissen wir nicht. Wir sind nicht der Regisseur und wir kennen nicht das Drehbuch. Wir kennen aber die Regeln, um unsere Rolle gut zu spielen. Jene, die die Regeln außerachtlassen, um etwas zu erreichen, was im Drehbuch gar nicht vorgesehen ist, sind die Sünder, die die Gebote übertreten, um etwas zu erlangen, was nicht dem Willen Gottes entspricht. Sie nehmen die Dinge, die Teil des Stückes sind, wichtiger als ihre Rolle, die Teil der Wirklichkeit ist.

Diese Erkenntnis bedeutet nun nicht das Startsignal für die willenlose Haltung eines phlegmatischen "Es ist ja eh alles einerlei..." Nein, wir *müssen* handeln, unser Leben gestalten, die Welt verändern! Gerade darin besteht ja unsere Rolle, und um ihre inhaltliche Seite genauer zu erfassen, müssen wir uns nur umschauen, wohin uns der liebe Gott gestellt hat. Ein Staatsmann hat andere Aufgaben als ein Bettler, ein Familienvater andere als ein Schüler... Aber all dies wird keinen Einfluß haben auf den Richterspruch, dem wir uns nach unserem Leben werden unterwerfen müssen. Wir werden nur *danach* gerichtet werden, ob wir unseren Part *gut* gespielt haben. Ob es aufwärts oder abwärts geht im Stück unseres Lebens, ob uns Leiden trifft oder Glück, Not oder Erfolg: all dies fällt beim Gericht nicht ins Gewicht. Es wird von uns abfallen wie Lumpen, die uns nichts angehen. Was bleibt, ist die Würde, mit der wir unsere Rolle gespielt haben. Das aber ist die Liebe. Alles wird einmal vergehen, nur die Liebe bleibt. Sie ist das Einzige, was uns vor Gott würdig macht. Sie macht alles leicht, weil sie unsere Seele stark macht in den Wechselfällen des Lebens. Das hatte schon jene kleine Heilige erfaßt, deren Auftritt nur elf Jahre dauerte, die kleine Anna von Guigné, die sagte: "Nichts ist schwer, wenn man Gott lieb hat."

Die Gnade der Kapitulation

Wie lange noch wollen wir der Liebe widerstehen? Was soll der Schöpfer noch für uns tun, bis wir endlich unseren Widerstand aufgeben? Genügt es uns nicht, daß Er, der Himmel und Erde erschaffen hat, sich für uns hat kreuzigen lassen? Nachdem wir durch die Jahrhunderte hindurch dem Blut des unschuldigen Gotteslammes widerstanden haben, schickt er uns die Tränen seiner Mutter. Am 19. September 1846 erschien sie in La Salette, weinend, das Gesicht in den Händen vergraben. "Wenn mein Volk sich nicht unterwerfen will, bin ich gezwungen, den Arm meines Sohnes fallen zu lassen. Er ist so schwer und drückend, daß ich ihn nicht mehr zurückhalten kann. Wie lange schon leide ich für euch! Wenn ich will, daß mein Sohn euch nicht aufgibt, bin ich gezwungen, ihn ohne Unterlaß zu bitten. Ihr aber macht euch nichts daraus. Ihr könnt beten und tun, soviel ihr wollt, niemals werdet ihr vergelten können, was ich alles für euch unternommen habe!..." Der kleinen Hirtin Mélanie vertraut sie ein Geheimnis an, das den Papst erschüttert, als er davon erfährt. Während der ganzen Zeit der Erscheinung rinnen die Tränen aus den Augen der Muttergottes.

Selten geschieht es, daß einem die Wahrheit gleich einem Blitz ins Herz fährt, so wie es jenem Léon Bloy widerfuhr, der den Berg von La Salette hinanstieg und, dort angekommen, die "gewaltigste Erschütterung" erfuhr, die "je einen Menschen zermalmte". Der Auslöser war der Anblick der Mutter. Bloy "sah, wie die Mutter auf der Steinbank saß, in ihre Hände weinte..." Er betete bis tief in die Nacht hinein und kehrte als ein anderer Mensch zurück.

"Wie lange schon leide ich für euch!" Es ist die Mutter, die um ihre Kinder weint. Der einzige Grund, warum in uns noch nicht dieser unendliche, schmerzende Hunger nach Gerechtigkeit aufgebrochen ist, dem die Seligpreisung der Bergpredigt gilt, ist unsere Kleingläubigkeit. Wir haben noch nicht *verstanden*, daß Maria unsere Mutter ist – mehr, als je eine leibliche Mutter es sein kann. "O ungläubiges und verkehrtes Geschlecht! Wie lange soll ich noch bei euch bleiben? Wie lange noch euch ertragen?", klagt der Heiland an einer Stelle im Evangelium (Mt 17,17). Glauben wir etwa, daß *wir* dem Heiland *keinen* Grund zu dieser Klage geben?

"Ihr aber macht euch nichts daraus." Hand aufs Herz: Wer von uns hat sich denn schon einmal etwas aus den Tränen der Muttergottes gemacht? Wem ist die Begegnung mit der Mutter zum Stachel geworden, der ihn nicht mehr zur Ruhe kommen läßt? Wer von uns dürstet danach, sie zu verherrlichen und ihre Verherrlichung über die ganze Welt auszubreiten? Wer von uns hungert nach dem Reiche Christi, das vorzubereiten Maria gekommen ist, nach dem Heil der Seelen?

Wir leben in einer Zeit, in der wir entweder von diesem Durst verzehrt oder von den Mächten der Finsternis hinweggespült werden. Ein Mittelmaß ist nicht möglich. Einen Kompromiß gibt es nicht. Noch nie war die Notwendigkeit zu einer glasklaren Entscheidung so unentrinnbar. Wenn nicht eine verzehrende Liebe zum Herrn sich tief in unser Herz einwurzelt, werden wir dem Sog des allgemeinen Abfalls ausgeliefert sein.

Daß die Christkönigsjugend eine Schar von Aposteln werde, die nach dem Heil der Seelen dürstet, das mögen

die Tränen unserer Mutter bewirken. Wenn wir uns ihr ganz übergeben, so wie es der hl. Ludwig Maria Grignion von Montfort lehrt, dann wird sie uns etwas von ihrer Liebe mitteilen. Dann wird auch in unserem Herzen etwas von dem Eifer nach der Ehre ihres Sohnes wach, der ihr Unbeflecktes Herz durchglüht. Viele von uns haben diese Weihe bereits vollzogen. Wenn trotzdem unser Seeleneifer oft mehr ein lascher Hauch als ein gewaltiger Sturm ist, dann deshalb, weil wir die Weihe noch zu wenig *leben*. Allzuschnell nehmen wir die Weihe im Alltag scheibchenweise zurück, indem wir unserer Faulheit oder unserem Stolz oder unseren Leidenschaft ihren Tribut zollen. Wir sind geteilt. Wir leben nicht aus *einem* gewaltigen Antrieb heraus, der unser ganzes Sein bestimmt, sondern sind hin und her gerissen zwischen den verschiedenen Antrieben, von denen die Liebe Christi nur ein schwacher unter vielen ist. "Die Liebe Christi drängt uns" (2 Kor 5,14). Wirklich? Viel öfter kommt es wohl vor, daß wir ihr widerstehen. Wann geben wir den Widerstand ein für allemal auf?
Beten wir um die große Gnade der Kapitulation! Jeder Bekehrter ist ein von der Gnade Besiegter. Lassen wir uns von der mütterlichen Liebe Mariens besiegen, von ihren Tränen zermalmen. Vor ihr soll der alte Adam in uns zusammenbrechen, und wir werden Macht bekommen, Kinder Gottes zu werden.

Der Weg Theresias

Die sel. Dina Bélanger (1897-1929), eine der großen Mystikerinnen dieses Jahrhunderts, sah eimal im Jahre 1924 in einer Vision die hl. Theresia vom Kinde Jesu unter dem Bild einer strahlenden Taube, die eine Schar weiterer Tauben anführte. Sie erkannte, daß diese Schar schnell wachsen werde. Das bedeutete, daß die Zahl jener Seelen, die wie die hl. Theresia den Weg der geistlichen Kindschaft, also des Vertrauens, der Liebe und der Hingabe gehen, stark zunehmen werde, da der Herr die Ausgießung seiner Gnade und seines Lichtes vervielfachen wolle. Ein Blick auf die Geschichte bestätigt diese Vision. Als Beispiel seien nur die drei Märtyrinnen aus dem Karmel St. Joseph zu Guadalajara (Spanien) genannt, die am 24. Juli 1936 mit dem Ruf *Viva Cristo Rey!* (wie der sel. Michael Pro!) ihr Leben für Christus hingaben und 1987 vom Papst seliggesprochen wurden. Von zweien von diesen wissen wir, daß sie durch die Lektüre der "Geschichte einer Seele" von Liebe zu Christus entflammt und zum Eintritt in den Karmel geführt wurden, die jüngste von ihnen, die sel. Theresia vom Kinde Jesu und vom hl. Johannes vom Kreuz, bereits mit 16 Jahren. 27 Jahre war sie alt, als sie für Christus starb.

Was ist das Geheimnis der hl. Theresia vom Kinde Jesu? Die sel. Dina drückt es einmal auf sehr schöne Weise aus. Als der Herr ihr die hl. Theresia als besonderen Schutzpatron zur Seite stellte – neben der hl. Cäcilia –, da war es die Aufgabe der hl. Theresia, ihr "den Garten des Vertrauens" zu öffnen. Dieses Vertrauen ist das Gegenteil der heute weit verbreiteten Haltung einer bequemen Heilsgewißheit ("Wir kommen sowieso alle in den Himmel"). Denn diese Haltung verkennt, daß wir tatsächlich ganz auf die unendliche Barmherzigkeit Gottes *angewiesen* sind und *deshalb* auf ihn vertrauen müssen. Vertrauen hat auch mit Vertrautheit zu tun. Die heilige Vertrautheit mit dem Herrn kann nur die Frucht einer oft schmerzlichen Reinigung der Seele von ihren Fehlern sein. Wer z.B. in der Todsünde lebt, kann sich nicht einbilden, dem Herrn eine Vertrautheit vorzuspielen, die in Wirklichkeit die Liebe zu ihm voraussetzt – wenn er auch ganz auf die Barmherzigkeit des Herrn vertrauen und um Verzeihung beten soll. Nicht eine vermessene Selbstsicherheit, sondern, wie die hl. Theresia ausdrücklich schreibt, die Selbstdemütigung und die Anerkennung des eigenen Nichts sind die Voraussetzung für den Weg des kindlichen Vertrauens.

Abbé Bellière, der geistliche Bruder Theresias, brachte einmal den Einwand vor, daß das göttliche Herz des Erlösers über die tausend kleinen Taktlosigkeiten seiner Freunde mehr betrübt sei als über schwerwiegende Fehler der Weltleute (übrigens eine Klage, die die sel. Dina mehrmals aus dem Mund des Herrn selber hörte!). Wie antwortete Theresia? Sie bestritt den Einwand keineswegs, schränkte ihn aber auf jene ein, die diese Taktlosigkeiten nicht bemerken, sie zur Gewohnheit machen und nicht um Verzeihung bitten. Für diese gelte das Wort der Kirche am Karfreitag: "Diese Wunden, die ihr an meinen Händen seht, empfing ich im Haus jener, die mich lieben!" Dann fährt Theresia fort: "Über jene, die ihn *lieben,* Ihn nach jeder Unzartheit um Verzeihung bitten und sich in seine Arme werfen, jubelt Jesus vor Freude. Er sagt zu den Engeln, was der Vater des verlorenen Sohnes zu seinen

Dienern sagt: 'Legt ihm sein bestes Gewand an, steckt ihm einen Ring an den Finger, laßt uns fröhlich sein'. Ah! mein Bruder, wie wenig kennt man Jesu *Güte*, seine *barmherzige Liebe!*... Freilich, um seine Schätze zu genießen, muß man sich demütigen, sein Nichts erkennen, und gerade das wollen viele Seelen nicht tun." So in einem Brief etwa zwei Monate vor ihrem Tod.

Die vermessene Heilsgewißheit hindert uns an der wichtigsten Aufgabe: mitzuhelfen bei der Rettung der Seelen. Der Weg des liebenden Vertrauens dagegen führt die Seele zu einer innigen Teilnahme am dramatischen Ringen des Herrn um das Heil jeder einzelnen Seele. So sehr war die hl. Theresia von dem Durst nach Seelen erfüllt, daß sie sich mit der Passion des Herrn vereinen wollte und alles zu leiden bereit war. Sie machte sich das Wort der hl. Theresia von Avila "Was macht es mir aus, ob ich bis zum Ende der Welt im Reinigungsort bleibe, wenn ich durch meine Gebete eine einzige Seele rette!" ganz zu eigen: "Dieses Wort ist mir aus dem Herzen gesprochen. Ich möchte Seelen retten und mich für sie vergessen; auch nach meinem Tod möchte ich Seelen retten..."

Diesen Wunsch der hl. Theresia, ja ihre Gewißheit, auch im Himmel weiterzuwirken und die Seelen ihren Weg des kindlichen Vertrauens zu lehren, sollte uns anspornen, die hl. Theresia zu verehren und beim Wort zu nehmen. Mit Sicherheit wird sie uns, wenn wir es ernst meinen, nicht enttäuschen!

Allmacht der Demut

Als mir kürzlich jemand sagte, Demut sei keine besonders attraktive Tugend, vor allem könne man mit ihr die Jugend nicht begeistern, war ich überrascht und begann darüber nachzudenken. Vor allem widersprach es meinen eigenen Erfahrungen. Die meisten Menschen sind weder besonders demütig noch besonders hochmütig. Aber jene Menschen, die mir durch eine besondere Demut auffielen, besaßen immer auch eine eigenartige Ausstrahlungskraft. Sie schienen mir auf eine besondere Weise glücklich, nicht in einem oberflächlichen Sinn, sondern so, daß ihr Glück – selbst wenn sie ihr Glück selber gar nicht spürten (rätselhaftes Paradox!) – auf unsichtbare Weise geschützt war. Umgekehrt machen hochmütige und eingebildete Menschen einen verkrampften und gequälten Eindruck, auch wenn sie nach außen hin etwas anderes vorspielen wollen. Chesterton schrieb einmal, daß in jedem Hochmut ein Stück Dummheit stecke. Wenn das stimmt, dann hat Demut etwas mit Wahrheit zu tun: mit der Wahrheit darüber, wie wir vor Gott stehen. Der Hochmütige will als etwas erscheinen, was er unmöglich sein kann – und deshalb steht er in der Unwahrheit. Die Demut aber besteht in der von Herzen vollzogenen Einstimmung in die Wahrheit, daß wir aus uns nichts sind und das, *was* wir sind, als von Gott Beschenkte sind. Zu meiner Freude entdeckte ich dann im Tagebuch der sel. Faustine Aussagen über die Demut, die mich in meiner Hochschätzung dieser Tugend bestärkten: "Wenn hier auf Erden eine Seele wahrhaft glücklich ist, dann kann das nur eine aufrichtig demütige Seele sein" (593). Und später findet sich im

Tagebuch ein wahrer Hymnus auf die Demut: "O Demut, du herrliche Blume, ich sehe, daß dich nur wenige Seelen besitzen. Ob deshalb, weil du so schön und zugleich schwer zu gewinnen bist? Sicher beides. Gott selbst findet Gefallen an ihr. Über einer demütigen Seele stehen die Schleusen des Himmels offen, und ein Meer von Gnaden strömt auf sie nieder. Wie schön ist eine demütige Seele; aus ihrem Herzen steigt, wie aus einem Weihrauchgefäß, lieblicher Duft auf und dringt durch die Wolken bis hin zu Gott, um Sein Heiligstes Herz zu erfreuen. Einer solchen Seele versagt Gott nichts; sie ist allmächtig, sie beeinflußt das Schicksal der ganzen Welt. Gott erhebt sie bis zu Seinem Thron. Je mehr sie sich demütigt, um so mehr neigt sich Gott herab zu ihr. Er verfolgt sie mit Seinen Gnaden und begleitet sie jederzeit mit Seiner Allmacht. Solche Seelen sind mit Gott am tiefsten verbunden." (1306).

Diese Lehre von der Allmacht der Demut finden wir auch bei Meister Eckhart: "Das ledige Gemüt vermag alle Dinge". Denn wo der Mensch aus seinem Ich herausgeht, da muß Gott notgedrungen hinwiederum eingehen und für ihn das wollen, was er für sich selbst will, nichts mehr und nichts weniger (Reden der Unterweisung). Diese vollkommene Übergabe der eigenen Geschicke in die Hand Gottes ist nur möglich, wenn Gott selber reine und lautere Liebe ist. Denn nur dann hat unsere totale Abhängigkeit von ihm nichts Bedrohliches an sich, sondern birgt in sich eine unendliche Seligkeit. Daß Gott aber Liebe ist, wissen wir seit der Menschwerdung. Durch Christus ist wahre Demut erst möglich geworden. Wenn wir Ihn kennengelernt haben, wissen wir, daß uns nichts "passieren" kann, wenn wir uns selber loslassen und uns ganz Gott ausliefern. Demut als die freudige Bejahung unserer totalen Abhängigkeit von Gott hat deshalb etwas mit der Ekstase liebenden Sich-selbst-Verlierens in die Liebe Gottes hinein zu tun. Sie ist keine Selbstquälerei, sondern seliges Sich-selbst-Vergessen. Oft tragen wir an uns selbst wie an einer schweren Last. Die demütige Seele ist diese Last endlich los. Sie weiß, daß Gott für sie sorgt, weil Gott sie mehr liebt, als sie sich selbst jemals lieben könnte. Die Leiden und Demütigungen, die sie tragen muß, sind einerseits die Nagelprobe auf ihre Demut, weil sie offenbaren, ob sie noch an etwas anderem hängt als an Gott. Andererseits haben sie den Zweck, ihr genau das, woran sie noch hängt – wenn auch noch so fein und unsichtbar –, zu nehmen, damit ihr Gemüt noch lediger, ihr Herz noch reiner, ihre Demut noch schöner wird.

Die Schönheit der Demut leuchtet uns auf an Weihnachten. In der Krippe, wo der Allmächtige liegt als kleines Kind, zeigt sich die Demut Gottes. Alles Großtuerische und Eingebildete kann vor ihr nicht bestehen. Das göttliche Kind macht jeden Stolz zunichte. Es weckt in uns die Sehnsucht, selber klein zu werden. Wer vor der Krippe in die Knie zu sinken imstande ist, taucht ein in den erlösenden Glanz himmlischer Demut. "Die Liebe hat den Menschen erschaffen, die Demut ihn erlöst" (hl. Hildegard von Bingen).

Glaube nur!

Im Leben der Heiligen finden wir manchmal die schönste Anwendung der Psalmen. Kürzlich ist mir das in der Lebensbeschreibung der seligen Elisabeth Canori-Mora (1774-1825) begegnet. Dort wird berichtet, daß sie an einem Tag im März 1824 eine Prüfung der Gottverlassenheit durchmachen mußte. Und ausgerechnet in diesem Zustand ließ der Herr es zu, daß sie vom Teufel versucht wurde, dessen furchterregender Anblick sie zum Gebet flüchten ließ. Sie zitterte vor Furcht, rief den Namen Jesu an und bat Gott inständig um Hilfe. Und tatsächlich, Gott erhört sie. Sie vernimmt eine majestätische Stimme: "Auf den Händen werden sie dich tragen, daß dein Fuß an einen Stein nicht stoße." Das ist der 12. Vers aus dem 90. Psalm. Es ist da von der beschützenden Macht der Engel die Rede. In der Liturgie kommt der Psalm am ersten Fastensonntag im Tractus vor. Doch dieses Wort allein scheint die selige Elisabeth noch nicht zu beruhigen. Sie ruft aus: "Ach, mein Gott! Es sind nicht die Steine, die mich hindern, sondern meine Todfeinde, die mir nachstellen." Wie antwortet der Allmächtige? Mit dem nächsten Vers desselben Psalms: "Über Schlangen und Nattern wirst du gehen, niedertreten wirst du Löwen und Drachen." Mit Schlangen, Nattern, Löwen und Drachen sind natürlich die Teufel gemeint. Mit gebietender Stimme spricht der Herr diesen Vers gegen die höllischen Feinde. Dann ändert sich seine Stimme, sie wird ganz lieblich, denn nun wendet Er sich der seligen Elisabeth zu, und er fährt fort mit dem nächsten Vers: "Weil er auf mich hoffte, werde ich ihn befreien, und weil er meinen Namen kennt, ihn schützen."

Auf außergewöhnliche Weise will Gott manchmal im Leben einiger Heiliger sichtbar das vorführen, was in verborgener Wirklichkeit für alle Gläubigen gilt: Die ganz konkrete Realität göttlicher Hilfe, die Macht des Vertrauens auf sie und die Wirksamkeit des Gebetes. Der unerschütterliche Grund von Hilfe, Macht und Wirksamkeit ist die Treue Gottes. An diese Treue müssen wir *glauben*. Würde Gott uns immer sofort sichtbar helfen, dann wäre das Verdienst des Glaubens verschwunden. Wir würden als selbstverständlich entgegennehmen, was in Wirklichkeit nur die Antwort sein kann auf einen Glauben, der durch viele Prüfungen beharrlich gewachsen ist. Die Psalmen sind voll vom Lobpreis auf Gottes Treue. Am erwähnten Sonntag werden im Offertorium und in der Communio zwei andere Verse des 90. Psalms gesungen: "Mit Seinen Schwingen überschattet dich der Herr, du bist geborgen unter Seinen Flügeln. Mit einem Schild umgibt dich Seine Treue." Für uns ist dieser Schild oft unsichtbar. Aber er ist da! Das sollte uns genügen. Unser Glaube muß so stark sein, daß er das Schauen ersetzt. Auf diese Weise gibt uns der Glaube in unserem Leben einen sicheren Halt, eine unerschütterliche Geborgenheit. Dies tut er nicht nach Weise eines frommen Selbstbetrugs. Vielmehr ist unser Glaube nur die Antwort auf eine *Realität*, mit der wir niemals genug rechnen können. Im Himmel werden wir einmal sehen, daß es ganz und gar unmöglich war, den Glauben an Gott und seine Treue zu übertreiben. Dieser Glaube ist der einzige Realismus, also die einzige Haltung, die der Wirklichkeit gerecht wird – auch wenn Schein und Sein, Gefühl und Wirklichkeit manchmal weit auseinanderklaffen. "Sich der Liebe Gottes ausliefern, heißt, sich allen Ängsten ausliefern", hat die kleine heilige Theresia einmal gesagt. Diese Ängste gaukeln uns das Gegenteil dessen vor, was in Wahrheit der Fall ist. Aber das sollte uns nicht überraschen. Gerade *weil* eine Seele, die sich aufrichtig und konsequent der Liebe Gottes ausliefert, in dessen Treue geborgen ist, kann Gott es sich leisten, sie Ängsten, Prüfungen und Finsternissen auszusetzen und sie über Abgründe gehen lassen. Mit einem schützenden Schild ist sie umgeben, den sie nicht sieht. Aber Gott sieht ihn, und das sollte uns genügen. Denn das eben bedeutet Glaube. Wir *glauben*, was Gott *sieht*.

Voraussetzung für diesen Glauben ist die konsequente Nachfolge Christi. Wer schwer sündigt, braucht den Abgrund nicht zu fürchten – er ist schon mitten drin. Es ist deshalb mit diesem Glauben nicht bloß die theologische Tugend des Glaubens gemeint, die tatsächlich mit der schweren Sünde zusammenbestehen kann, sondern die *Gabe* des Glaubens, von der der hl. Paulus spricht (1 Kor 12,9). "Alles ist möglich dem, der glaubt", sagt der Heiland selber (Mk 9,23). Einem solchen Menschen steht die Allmacht Gottes zur Verfügung. Für ihn setzt der Allmächtige seine Heerscharen in Bewegung, auf daß sein Fuß an einen Stein nicht stoße... Du hast noch nie solche Erfahrungen gemacht? "Tantummodo crede!" (Mk 5,36) – Glaube nur!

Das Gnadengeschenk dieser Zeit

Vom hl. Johannes vom Kreuz stammt der Ausspruch, daß ein einziger Akt reiner Gottesliebe der Seele wertvoller und der Kirche nützlicher sei als alle anderen Werke zusammen. Dieser Ausspruch könnte auf den ersten Blick entmutigend wirken auf jene, die sich in der heutigen Zeit durch vielfältige Initiativen und Aktivitäten abmühen, um einigermaßen der so großen Not in der Kirche zu begegnen. Er könnte als ein Aufruf zum Rückzug in die Innerlichkeit mißverstanden werden. Doch liegt es dem hl. Johannes vom Kreuz sicherlich fern, das äußere Engagement zu desavouieren und seinen Wert zu verkennen. Der springende Punkt, um den es ihm geht, ist ein anderer. Es geht ihm um die rechte Ordnung unseres Handelns, und die ist nur in dem Maße gegeben, wie die Liebe zu Gott einziger Beweggrund unseres Handelns ist. Es geht nicht um Rückzug, sondern um Läuterung.

Viele Maßnahmen und Initiativen in der Kirche entspringen zunächst einmal Beweggründen, die sich bei näherem Hinsehen als ziemlich ichbezogen herausstellen: der Enttäuschung über mißglückte Reformen, dem Ärger über den erzwungenen Bruch mit manch liebgewonnener Tradition. Das sind alles Beweggründe von sehr gemischtem Charakter: In die objektiv berechtigte Empörung schleicht sich schnell eine subjektive Betroffenheit ein, die allzumenschlich ist und die Lauterkeit der Gesinnung trübt.

Der Ausspruch des Heiligen darf uns aber auch nicht dazu verführen, die Rangfolge der Beweggründe umzukehren und die Gottesliebe deshalb anzustreben, weil wir der

Kirche helfen wollen. Wir sollen nicht Gott lieben, um der Kirche zu helfen, sondern der Kirche helfen, damit Gott mehr geliebt werde. *Dieser* Beweggrund kann freilich nicht durch die Beobachtung dessen, was in der Kirche alles falsch läuft, in uns geweckt werden, sondern nur durch die Entdeckung der Liebenswürdigkeit Gottes. Diese Entdeckung ist nur einem reichen innerlichen Leben möglich. Freilich kann die Beobachtung der kirchlichen Not und der Wunsch, ihr zu begegnen, ein Auslöser dazu sein, aber nur in der Rolle eines Beweggrundes, der dazu bestimmt ist, sich selber auszulöschen und der Liebe das Feld zu räumen.

"Der Eigenwille und die Selbstgefälligkeit bei ihren Werken beherrscht sowohl geistliche Seelen wie gewöhnliche Menschen, und zwar in dem Maße, daß man kaum einen findet, der mit Ausschluß jedes eigenen Interesses, des Trostes oder Befriedigung oder eines anderen menschlichen Beweggrundes rein aus Liebe zu Gott sich zum Handeln bestimmen läßt." Diese Beobachtung des hl. Johannes vom Kreuz drückt weder eine Besonderheit seiner, noch eine solche unserer Zeit aus, sondern eine allezeit allgemein verbreitete Erscheinung. Es erscheint fast unmöglich, "menschliche" Beweggründe auszuschließen, wenn wir nicht wie ein durch das Panzerglas der Gleichgültigkeit abgeschirmter Dickhäuter durch die Not der Zeit hindurchgehen wollen. Dieser Einwand verkennt freilich die Rolle der Liebe in der Seele: Sie tötet unsere Sensibilität für die Not der Zeit nicht ab, sondern transformiert die "menschlichen" Beweggründe. Das Beispiel unseres Erlösers vermag uns den rechten Weg zu weisen: Kein Herz, das jemals in der Brust eines Menschen schlug, war so sensibel für die Not der Zeit und verwundbar durch ihre Übel, und keines hat so konsequent darauf mit Liebe geantwortet wie das des Herrn. Seine Antwort auf das Geheimnis der Bosheit war seine Lebenshingabe am Kreuz. Nur die Torheit der Liebe hat die Weisheit der Welt überwunden. Die Erlösung der Welt und die Überwindung des Teufels war nicht die Frucht eines ausgeklügelten Apostolatsmanagements, sondern des Todes aus Liebe. Der hl. Johannes vom Kreuz, der nicht müde wird, uns immer wieder zu ermuntern, in allem Christus nachzuahmen "mit glühender Sehnsucht und heiliger Begeisterung", gibt uns deshalb auch den Rat: "Unterlasse es nie, unter keinem Vorwand, mag es sich nun um Gutes oder Übles handeln, die tiefsten Gefühle der Liebe in deinem Herzen zu bewahren, um alles auf dich nehmen zu können, was dir begegnet!" Es geht also darum, die Not der Kirche "auf uns zu nehmen", und dies kraft eines Herzens, das allein durch die Liebe stark genug geworden ist, diese Last zu tragen. Weder Gleichgültigkeit noch bitterer Eifer, sondern sich als Tapferkeit erweisende Liebe sind die rechte Antwort. Der Rat des Heiligen läßt uns auch den Frieden erahnen, den eine Seele genießt, die liebt. Eine solche Seele ist die Wohnstätte Gottes geworden. In ihr hat er sein Königreich errichtet. In ihr ist die Schöpfung zu ihrem Ziel gelangt. Alles ist ja erschaffen zu Verherrlichung Gottes, durch nichts aber wird Gott mehr verherrlicht als durch einen Akt reiner Liebe.

Nichts kann uns hindern, jetzt schon den letzten Zweck und den höchsten Sinn unseres Lebens zu verwirklichen, nämlich Gott aus ganzem Herzen zu lieben. Und wenn die Welt noch so sehr kopfsteht und die Kirche von Krisen geschüttelt wird, und wenn wir Verfolgung erdulden und die Feinde des Glaubens noch so sehr Triumphe feiern: nichts von all dem kann uns hindern, sofort jetzt schon das Wertvollste und Nützlichste zu tun, was uns überhaupt möglich ist. Alle Pläne, die wir haben, können vereitelt werden, alle Projekte, die wir verfolgen, können scheitern, aber das, worum willen wir dies tun oder jedenfalls tun sollten, jetzt schon zu verwirklichen in *dem* Stück der ganzen Schöpfung, zu dem kein anderer Zutritt hat, nämlich in unserem Herzen, kann uns keine Macht der Welt hindern. Und dieses Stück der ganzen Schöpfung ist das einzige, wofür wir eine unverlierbare Verantwortung tragen und welches der Schöpfer beim Gericht unbedingt von uns zurückfordern wird. Durch die Liebe übergeben wir es ihm jetzt schon, entreißen es der Feindeshand und feiern den wichtigsten Triumph. Ob andere Triumphe für die Kirche von uns gefordert werden – Kämpfe gewiß, aber Triumphe? –, wissen wir nicht, dieser aber wird von uns gefordert, und das nicht in einer ungewissen Zukunft, sondern jetzt. Die Werke, die wir aus Liebe unternehmen, können scheitern, die Liebe selber nicht. "Ein Werk, das voll und ganz und mit reiner Absicht Gott zuliebe geschieht, gestaltet das Herz zu einem Königreich, das ihm vollkommen gehört" (Johannes vom Kreuz).

Nun stellt sich, wenn wir uns an die Eingangsaussage des Heiligen erinnern, der paradoxe Sachverhalt ein, daß trotzdem der Nutzen für die Kirche, gleichsam als Nebeneffekt, bei einem solchen Werk, auch wenn es scheitert, größer ist als bei einem noch so erfolgreichen Apostolat, das nicht aus reiner Liebe geschieht. Das ist das Paradox, welches der hl. Johannes zum Grundgesetz seiner Spiritualität gemacht hat und auf allen Ebenen bis ins Letzte ausreizt: Willst du dahin gelangen, alles zu besitzen, verlange in nichts etwas zu besitzen; willst du dahin gelangen, alles zu sein, verlange in nichts etwas zu sein; willst du die Menschen beherrschen, schäle dich von ihnen und von dir selber los. Das bedeutet also: Erst der Verzicht auf jeden Erfolg verbürgt den Erfolg. Dieses Paradox ist Ausdruck der Eigenart des menschlichen und göttlichen Zusammenwirkens. Erst das Absterben des Eigenwillens zugunsten eines vollständigen Aufgehens in der Gleichförmigkeit mit dem göttlichen Willen ermöglicht das ungehinderte Gnadenwirken Gott in der Seele und durch die Seele in die Kirche hinein. Erst in der Selbstverleugnung wird der Seele alles geschenkt, wonach sie dürstet. Diese Selbstverleugnung ist aber nur wieder ein anderer Name für die Liebe.

Die Not der Kirche kann ein Auslöser und Beweggrund sein, sich auf den Weg zur reinen Liebe zu machen und sich zu heiligen. Nicht zuletzt hat uns ja der Erlöser selber gezeigt, daß es möglich ist, sich um des Heiles anderer willen zu heiligen: "Für sie heilige ich mich, damit auch sie geheiligt seien in Wahrheit" (Joh 17,19). Auch hier ist das Ziel der Liebe ja wieder die Liebe; denn wer den Herrn liebt, dürstet auch danach, daß er von möglichst vielen Seelen geliebt wird. Das Schlimmste und Schmerzlichste an der Not der Zeit und an der Krise der Kirche sind nicht die Enttäuschungen, die *wir* erleben, und das Unrecht, das man *uns* allenthalben zufügt, sondern die schlichte Tatsache, daß die Liebe *zum Herrn* in so vielen Herzen erkaltet ist. Wenn uns das mehr schmerzt als alles, was wir selber erdulden müssen, dann dürfen wir darin den göttlichen Ruf erblicken, mit allen Kräften und Mitteln, die uns die Klugheit nahelegt, einzugreifen. Dieses Handeln läßt sich dann durch keine Art des Mißerfolgs und des Leidens von der Liebe abbringen, weil es selber nur aus Liebe geschieht. Wer so handelt, freut sich sogar der Leiden, weil er so am besten seine Liebe zu Gott erweisen kann. "Was vermag der, der nicht um Christi willen zu leiden weiß? Je schwerer und drückender die Beschwerden sind, desto glücklicher soll sich jener schätzen, der sie erdulden muß", meint dazu unser Heiliger.

Das ist die wunderbare Transformation, welche die Liebe bewirkt. Was zuvor Quelle der Unzufriedenheit war, wird jetzt zur Quelle der Freude. Wenn die widrigen Wechselfälle des Lebens eine Seele verwirren, so ist dies nach dem hl. Johannes nur ein Zeichen ihrer Tugendschwäche: "Denn eine unvollkommene Seele empfindet da Leid, wo eine vollkommene sich glücklich fühlt."

So dürfen wir sicher sein, daß wir die Zeit, in der wir leben, mit all ihren schlimmen Verfallserscheinungen desto mehr als ein Gnadengeschenk des Herrn an uns empfinden werden, je mehr wir uns heiligen. Wie schön ist es, in einer Zeit zu leben, wo wir so reichlich Gelegenheit haben, um unseres Glaubens willen zu dulden und so unsere Liebe zum Herrn unter Beweis zu stellen! Daß der Herr uns als Gläubige in diese Zeit hineingestellt hat, ist ein ganz außerordentlicher Beweis seiner Liebe zu uns. Dieser Liebe erweisen wir uns aber nur dann als "würdig", wenn wir ihr mit einer rückhaltlosen Gegenliebe antworten. Die Heiligkeit ist von uns heute dringender gefordert als zu besseren Zeiten. "Heiligkeit ist immer von uns gefordert werden. Früher konnte man glauben, daß sie aus weiter Ferne gefordert würde mit einem unbestimmten Fälligkeitstermin, der verjähren kann. Heute wird sie von uns an der Tür eingefordert von einem verstörten und blutüberströmten Boten. Einige Schritte hinter ihm die Panik, die Feuersbrunst, die Plünderung, die Folter, die Verzweiflung, der grauenhafteste Tod..." Hoffen wir, daß diese prophetischen Worte Léon Bloys sich nicht allzu wörtlich erfüllen. Doch wird die Heiligkeit für alle Fälle das Beste sein, mit dem wir uns wappnen können.

Bewahre unirdisch sein Herz...

O Jesus, ewiger Hoherpriester,
bewahre Deinen Priester
im Schutz Deines heiligsten Herzens,
wo keiner ihm schaden kann.
Bewahre unbefleckt seine gesalbten Hände,
die täglich Deinen heiligen Leib berühren.
Bewahre rein die Lippen,
die gerötet sind von Deinem kostbaren Blute.
Bewahre rein und unirdisch sein Herz,
das gesiegelt ist mit dem erhabenen Zeichen Deines
glorreichen Priestertums.
Laß ihn wachsen in der Liebe und Treue zu Dir
und schütze ihn vor der Ansteckung der Welt.
Gib ihm mit der Wandlungskraft über Brot und Wein
auch die Wandlungskraft über die Herzen.
Segne seine Arbeit mit reichlicher Frucht
und schenke ihm dereinst
die Krone des ewigen Lebens.
Amen.
Heilige Theresia vom Kinde Jesu.

Das Gebet der heiligen Theresia enthält in nuce die ganze katholische Lehre über das Priestertum. Die Heilige macht eine dreifache Aussage über das *Sein* des Priesters:
1. Er gehört Jesus ("...bewahre *Deinen* Priester...");
2. Sein Herz ist gesiegelt;
3. Er besitzt die Wandlungskraft über Brot und Wein.
Zu 1: Der Priester gehört Jesus, d.h. er ist durch die Priesterweihe ihm in besonderer Weise übereignet, ihm

geweiht. Das Priestertum des einzelnen Priesters ist nichts anderes als eine Teilhabe an dem einen Hohenpriestertum Jesu Christi. Der Stand der Gottgeweihtheit macht die Sakralität des Priesters aus, seine objektive Heiligkeit. So wie sakrale Gegenstände, etwa ein Meßkelch, durch die Weihe dem profanen Gebrauch entzogen und dem ausschließlichen Gebrauch für den Gottesdienst vorbehalten sind, so ist auch der Priester als Person für immer und ganz Gott geweiht. Die Idee eines Priestertums auf Zeit oder im Sinne eines Teilzeitjobs widerspricht radikal diesem Wesenszug des Priestertums. Und so wie ein sakraler Gegenstand durch profanen Gebrauch entweiht werden kann, so kann auch der Priester gegen seine objektive Heiligkeit, also gegen seinen Stand des Gottgeweihtseins sündigen. Eine Sünde gegen die Keuschheit etwa ist beim Priester immer gleichzeitig auch eine schwere Sünde gegen die Tugend der Religion, d.h. der Gottesverehrung.

Zu 2: Das Herz des Priesters ist gesiegelt. Die Kirche spricht von einem Merkmal, einem "charakter", der der Seele eingeprägt wird. Das Konzil von Trient hat diese Lehre zum Dogma erklärt und bestimmt diesen Charakter als geistig und unzerstörbar ("signum quoddam spirituale et indelibile", DS 1609). Dadurch ist der Priester Priester in Ewigkeit. Durch die sogenannte Laisierung kann er von seinen Rechten und Pflichten als Priester entbunden werden, aber dem Sein nach bleibt er Priester in alle Ewigkeit, unabhängig davon, ob er einmal gerettet oder verdammt werden wird.

Zu 3: Die Wandlungsgewalt ("potestas consecrandi") ist die hauptsächlichste und vornehmste der geistlichen Gewalten des Priesters. Durch die Wandlung von Brot und

Wein in den Leib und das Blut des Herrn vollzieht der Priester jenes Geheimnis, in das der Herr am meisten seine ganze Liebe hineingelegt hat. Durch die Erneuerung des Kreuzesopfers, also der Lebenshingabe Jesu Christi, wirkt der Priester am innigsten mit dem Liebesratschluß Gottes zur Erlösung der Menschen mit.

Dieses *Sein* ist jedem Priester durch die Priesterweihe geschenkt. Es begründet seine Würde. Diesem Sein als Gabe entspricht die *Aufgabe*, einen entsprechend heiligen Lebenswandel zu führen. Sein und Leben müssen sich entsprechen. Der Priester muß durch seine subjektive Heiligkeit seiner Würde gerecht werden. Dazu bedarf er der göttlichen Gnade, und die ist Gegenstand einer dreifachen Bitte der heiligen Theresia. Zunächst bittet sie den Herrn, den Priester in Seinem Herzen vor jedem Schaden zu bewahren. Die folgende dreifache Entfaltung der Bewahrungsbitte zeigt, daß dieser Schaden einzig im Verlust der Reinheit besteht. Sie bittet den Herrn, seine Hände, seine Lippen und sein Herz rein zu bewahren. Der Priester muß also rein sein im Handeln, Reden und Denken. Das Herz ist im biblischen Sinne der Ort der Gedanken, also der innersten Gesinnung (vgl. etwa Mt 15,19). Hier gebraucht Theresia den stärksten Ausdruck für die Reinheit: Die Reinheit des Herzens wird nicht nur durch Sündhaftes, sondern sogar schon durch Irdisches befleckt. Das Herz des Priesters soll Heimstätte einzig des Himmlischen sein, ein Heiligtum, das ganz der göttlichen Liebe geweiht ist und zu dem Irdisches keinen Zutritt hat.

Diese Liebe und unverbrüchliche Treue zum Herrn soll gemäß der nächsten Bitte nicht nur bewahrt werden, sondern wachsen. In der Bitte um Schutz vor der "Ansteckung der Welt" zeigt sich bei Theresia in herzerfrischender Eindeutigkeit der biblische Gebrauch des Wortes "Welt". Denken wir etwa an die Bitten des Herrn selber bei seinen Abschiedsreden: "Nicht für die Welt bitte ich... Sie sind nicht von der Welt, wie auch ich nicht von der Welt bin" (Joh 17,9.16). Keine Rede von irgendeiner Öffnung zur Welt oder von taktischen Überlegungen, wie der Priester am besten bei der Welt ankommt. Die Wirksamkeit des Priesters kann niemals das Ergebnis der Anwendung weltlicher Methoden oder des Sich-Beugens vor den Erwartungen und dem Meinungsdiktat der Welt sein, sondern nur Frucht einer ebenso wunderbaren Wandlungskraft wie es die über Brot und Wein ist: der Wandlungskraft über die Herzen. Auch sie muß von oben geschenkt sein. Es geht nicht um den Erfolg einer möglichst geschickten kirchlichen Werbekampagne, sondern um die wunderbare Wandlung von Herzen aus Stein in Herzen von Fleisch (vgl. Ez 11,19). In diesem göttlichen Werk besteht die Erlösung. Der Priester kann als taugliches Werkzeug nur dann daran mitwirken, wenn er selber ganz und gar transparent für das göttliche Wirken geworden ist, wenn also nichts Irdisches mehr in seinem Herzen und in seinem Leben das Wirken der göttlichen Gnade hindert. Wenn er dann die "Krone des ewigen Lebens" erlangt, dann belohnt Gott seine eigene Gnade, die er ihm geschenkt und ihm als Verdienst angerechnet hat. So ist der Priester derjenige, der am meisten in die Liebe des Herrn hineingenommen ist und deshalb am meisten diese Liebe ausspenden soll, indem er reiner Kanal göttlichen Liebeswirkens geworden ist.

PERSONENREGISTER

Abraham	25-27
Angela von Foligno	38
Anna von Guigné	51
Bellière Maurice	56
Bloy Leon	52, 70
Braun Bischof Karl	8
Cäcilia	55
Canori-Mora Elisabeth	61
Chesterton G.K.	58
Dina Bélanger	55, 56
Eckhart Meister	59
Faustine Kowalska	48, 58
Gabriel Erzengel	25
Grignion von Montfort, Ludwig Maria	54
Hildegard von Bingen	60
Ignatius von Loyola	41, 44, 48
Johannes der Apostel	9
Johannes vom Kreuz	64-67, 69
Küng Hans	36
Maria	25-28, 53
Mélanie	52
Nietzsche Friedrich	23
Paulus	7, 8, 11, 22, 63
Petrus	37, 40
Pilatus	31
Platon	7
Pro Michael	55
Theresia von Avila	23, 57
Theresia vom Kinde Jesu	12, 55-57, 63, 71, 73, 74
Theresia vom Kinde Jesu und vom hl. Johannes vom Kreuz	55
Thomas von Aquin	32, 33, 35

Vom gleichen Autor sind im Theresia-Verlag erschienen:

Engelbert Recktenwald,
Harter Geist und weiches Herz. Zehn Essays wider die Selbstentmündigung der Christen,
88 Seiten, 8,80 SFr./9,80 DM,
1. Auflage 1996, 1.-4. Tausend
ISBN 3-908542-55-3

"Man muß einen harten Geist und ein weiches Herz haben." Dieses Wort war ein Motto der Weißen Rose, jenes Kreises jugendlicher Widerstandskämpfer gegen das Hitlerregime, die ihren Widerstand mit dem Leben bezahlten. Das Wort stammt von Jacques Maritain. Er nimmt es wieder auf in seinem Werk "Der Bauer von der Garonne", das eine Abrechnung mit dem modernistischen Kniefall in der Kirche vor der Welt enthält. Das Motto ist eine Kampfansage gegen jene Charakterlosigkeit, die sich der Welt und ihren Göttern weichlich anpaßt und gleichzeitig mit der Welt hart ausschlägt gegen nicht anpassungswillige Christen.
Aus dem Inhalt:
Die Kirche vor den Herausforderungen der Zeit
Drewermann, das Lehramt und unsere Mündigkeit
Der Aufstand gegen das Lehramt
Wahrheit
Darf ein Christ an Gott glauben?
Harter Geist und weiches Herz
Brotvermehrung und Eucharistie
Das Säubern der Tenne
Erzbischof Dyba und die Staatstheologen

Engelbert Recktenwald
Die Selige aus Kanada. Dina Bélanger und ihre Sendung.
88 Seiten, 3,- SFr./3,30 DM
1. Auflage 1996, 1.-25. Tausend
ISBN 3-908542-52-9

Die selige Dina Bélanger (1897-1929) ist eine der großen Mystikerinnen dieses Jahrhunderts, eine geistliche Schwester der hl. Theresia vom Kinde Jesu. Der Herr würdigte sie vieler faszinierender Visionen, die sie im Gehorsam aufschrieb. Ein Schwerpunkt dieser Visionen sind die Priester. Oft vertraut der Herr ihr an, was er von ihnen erwartet. So spricht er z.B. im Februar 1928: "Man betet, man handelt mit einer oberflächlichen Frömmigkeit; im Gebet und im Handeln fehlt der Liebe die Tiefe. Mein Herz ist so sensibel für die wahre Liebe von Seiten der Seelen, die mir geweiht sind!..." Am 20. März 1993 wurde Dina von Papst Johannes Paul II. seliggesprochen. Während ihre Autobiographie schon bald nach ihrem Tod einen Siegeszug antrat und in französischer, englischer, italienischer und spanischer Sprache erschien, wurde sie im deutschsprachigen Raum erst in den letzten Jahren bekannt. Die vollständige Biographie erschien im Theresia-Verlag unter dem Titel:

Das Lied der Liebe. Die Autobiographie der Seligen Dina Bélanger (1897-1929), hg. von Engelbert Recktenwald;
384 Seiten, 29,- SFr./35,-DM
1. Auflage 1998, 1.-2. Tausend
ISBN 3-908542-62-6

Weitere Werke des Autors:

Engelbert Recktenwald,
Die ethische Struktur des Denkens von Anselm von Canterbury.
Erschienen als Band VIII der Reihe "Philosophie und Realistische Phänomenologie", hg. von Rocco Buttiglione und Josef Seifert
Universitätsverlag C. Winter, Heidelberg 1998,
165 Seiten, 58,- DM, ISBN 3-8253-0663-1.
Es handelt sich um eine philosophische Fachpublikation, in der Recktenwald einen neuen Zugang zum sogenannten Ontologischen Gottesbeweis bietet, den Anselm von Canterbury in seinem Werk "Proslogion" entwickelt. Die These Recktenwalds lautet, daß Anselms Denken ganz getragen ist von der Evidenz einer sittlichen Erfahrung, die er erst in seinem späteren Werk "De veritate" in Zusammenhang mit seiner Wahrheitstheorie eigens thematisiert, die aber bereits im "Proslogion" den intuitiven Hintergrund seines Gottesbeweises bildet. Hier schlägt er sich vor allem im Begriff der "Größe" nieder, der als ein ethisch qualifizierter zu denken ist. Anselms Gott als das denkbar Größte im "Proslogion" ist identisch mit der höchsten sittlichen Instanz der "rectitudo" in "De veritate".

Die alte Liturgie bewahren?
Beitrag in: Dem Schönen und Heiligen dienen, dem Bösen wehren (S. 90-105), hg. von Norbert Esser,
Sankt Meinrad Verlag, Sinzig 1997, 229 Seiten,
ISBN 3-927593-19-2.

ZUM AUTOR

P. Engelbert Recktenwald ist Mitglied und Mitbegründer der Priesterbruderschaft St. Petrus. 1988 bis 1997 war er tätig im Priesterseminar St. Petrus in Wigratzbad/Allgäu. Er gab Vorlesungen in Philosophie, Fundamentaltheologie und Dogmatik. 1992 bis 1998 war er Redakteur des "Informationsblatts der Priesterbruderschaft St. Petrus". Seit September 1997 ist er Verantwortlicher des Hauses St. Alfons in Köln. Seine Adresse lautet:

Die Liebe zu Jesus Christus, 256 Seiten;
Die Macht des Gebetes, 80 Seiten;
Lebensordnung eines Christen, 64 Seiten;
Die Art und Weise, vertraulich mit Gott umzugehen, 62 S.